JN033043

台湾日式建築紀行

渡邉義孝

KADOKAWA

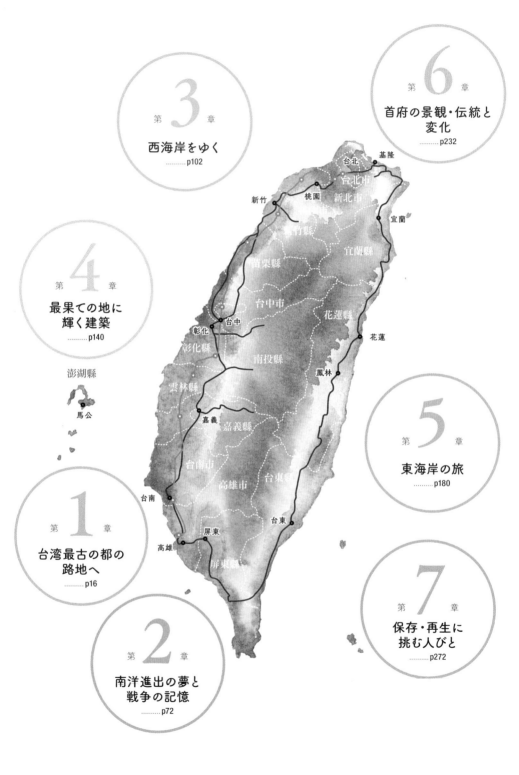

澎湖縣
馬公

基隆
台北
台北市
新北市
桃園
新竹
新竹縣
宜蘭
宜蘭縣
苗栗縣
台中市
花蓮縣
台中
彰化
彰化縣
南投縣
花蓮
雲林縣
鳳林
嘉義
嘉義縣
台南市
高雄市
台東縣
台南
台東
屏東
高雄
屏東縣

序章

台湾の日式建築とは

*のある用語は巻末の建築用語集を参照のこと（初出にのみ付しています）。

　台湾における日式建築とは、広義においては「日本統治時代（1895〜1945）の50年間に建てられた建築群」ということになる。一方、狭義においては、「同時期に建てられた洋風・和風または折衷様式など、意匠的・技術的に日本をルーツとする近代建築群」というべきだろう。

日本人建築家の活躍

　日清戦争後の下関条約を根拠に台湾を領有した1895年以降、日本は「はじめての植民地経営」として台湾に多くの有能な官吏、特に建築や都市計画に関わる専門家を派遣する。設計者としては大阪出身の森山松之助や岐阜出身の井手薫、石川出身の梅澤捨次郎、銀行建築の傑作で知られる西村好時、近藤十郎などの名が挙げられる。

　彼らの指導のもと、主要都市にモニュメンタルな官庁建築が次々と建てられていった。台北の旧台湾総督府（現・総統府／1919年）［写真01］、旧台湾総督官邸（現・台北賓館／1901年）など、威厳と格式を重視した西洋のデザインが今も異彩を放っている。

写真01_旧台湾総督府

写真02_旧台湾総督官邸

　その中でも森山はよく知られ、旧台中州庁（1914年）〔写真02〕は、羽を広げた白鳥のようなファサード[*]、連続アーチの上のロッジア（バルコニー空間）などバロック的要素も加えた優雅さが特徴だ。同じく旧台南州庁（1916年）も森山の設計で、丸柱と角柱の組合せや、柔らかな曲線のマンサード屋根[*]がエレガントでソフトな印象を与える。増改築を経て2003年に「国家台湾文学館」に、そして2007年からは「国立台湾文学館」としてリニューアルオープンした。

　総督府がリードして、台湾全土で中小の官庁舎、軍事施設、郵便局、学校校舎、鉄道駅舎、工場なども日本人の主導で建てられていく。同時に上下水道などインフラの整備も進んだが、明治時代のポンプ室が保存される台北水道水源地（1908年）や、台湾南西部を巨大な穀倉地帯に変えた嘉南大圳（広域水利施設）と烏山頭ダム（1930年）など、現在も稼働・供用されているものも少なくない。

木造建築の普及と格闘

　旧来、原住民族[*]を除く漢民族の住まいは煉瓦などの組積造を基本としていたが、日本統治時代には内地人（日本人）のための住宅を木造で建てることが多くなる。柱、梁、桁からなる木造軸組で軀体を組み、屋根には和瓦（桟瓦）を葺く。

開口部には引違い戸を多用し、内部は床の間・床脇・押入を備えた畳の和室を持つ和風住宅の急増である。公務員の官舎としてニコイチ長屋（一棟に二世帯で「二戸一」と呼ぶ）、あるいはサンコイチ／三戸一、ヨンコイチ／四戸一の長屋も少なくない。現地ではこれを「宿舎」と呼んでいる。

　しかし熱帯・亜熱帯に位置する台湾では、日本以上に高温多湿な環境であり、シロアリの勢力ははるかに旺盛である。植民地初期には、官舎がシロアリの被害を受ける事例が次々と報告され、総督府では対策を打ち出す。煉瓦造の高基礎や防蟻コンクリート、通気のための窓など「台湾仕様」が提唱されていくことになる。それが、「日式というけれど基礎が異様に高く感じる」「出窓と掃き出し地窓の多さ」「南京下見板の木口に板金を巻くなど丁寧な仕様」など、私たち日本人の目から見て感じる「違和感」「違い」の理由といえよう。

　もうひとつ、ユニークなのは、日本以上にトラス架構の建築が多いことである［写真03］。「小径木でスパンの長い無柱空間を生み出せる」トラスは、日本では大規模な工場や講堂のような建築に見られる構法だが、台湾では梁間わずか2間（にけん＝約3.6m）程度の規模の建築でもトラスが多用されている。「これくらいなら、特殊なホゾ加工や金物が不要な和小屋でいいだろう……」と思ってしまうが、総督府による建築教育の普及の成果といえるのかもしれない。

　鉄道の延伸とともに、各地に規格化された木造駅舎も出現する。香山、追分、大山、談文、新埔などの味わい深い木造のローカル駅は、築百年を経て今は人気の観光スポットになっている［写真04］。

　木造であっても「和風」とは限らない。外観は洋風のものもある。「南京下見板の洋館だが、内部は畳敷き」というケース

も多い。つまり「日式イコール和風」ではなく、和・洋さらに折衷様式を合わせて、日本から移入された「近代建築の総体」を日式建築と呼んでいることに注意したい。

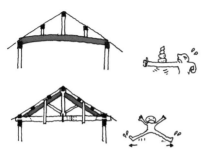

写真03_水平の梁が曲げの力に対抗して屋根荷重を支える和小屋（上図）に対して、トラス（下図）は三角形の軸材で支える。ここでは斜材が「股裂き」状態になるのを水平の陸梁（ろくばり）がつなぎ止めている。つまり陸梁には引っ張り力が加わっていることがわかる。

写真04_新埔駅舎（苗栗県通霄鎮（ミャオリー つうしょう））

モダニズムの潮流と台湾らしさ

　19世紀末から20世紀初頭にかけては、世界的に建築デザインが激変した時代でもあった。台湾でもその変化を読み取ることができる。

　初期の様式主義的な意匠から脱却し、1920年代になるとシンプルなデザインが流行する。旧台南市警察局（現・台南市美術館1館／1931年／梅澤捨次郎設計）や旧台北公会堂（現・中山堂（ジョンシャンタン）／1936年／井手薫設計）などの「折衷建築」がそれにあたる。さらに進んで、陰翳を消し水平線を強調したり曲面を多用したりする「初期現代建築（モダニズム）」がブームとなり、嘉義電信局（か ぎ）（1937年）［写真05］、花蓮港埠頭合（か れんこう）同庁舎（1940年）などが植民地期の最後を飾ることになる。

　「日本式」と呼ぶにはいささか抵抗があるユニークな建築として、台北・迪化街（てき か がい）や台南・新化老街（しん か ろうがい）などで見られるバロック風の騎楼（き ろう）がある［写真06］。突然の雨や強い日差しを遮るアー

写真05_嘉義電信局

写真06_高雄市旗山老街

ケードは南国ならではのものだが、日本統治時代の市区改正によって制度化されたことから、広義の日式建築と呼ばれることもある。ここでも「西洋建築の意匠であっても、日本経由で移入されたのだから『日式』なのだ」という感覚があるのかもしれない。

保存再生の最先端

1987年の戒厳令解除と白色テロ*の時代の終焉を経て、台湾の人びとは「中国大陸こそ民族の故郷」という教育から脱却し、「台湾こそ故郷、台湾の歴史をもっと知りたい」という意識を強めていく。これを「本土化」と呼ぶが、その過程で「台湾の歴史のひとつ」として各地の日式建築が注目されることに

写真07_台北市松山文化創意園区

なった。保守的な国民党政権下では「占領者日本の敵性資産」と否定的に見られていたものが、「植民地の記憶も含めて直視すべきだ」「懐かしく感じる」「木造の空間は快適」「おしゃれな雰囲気」などと評価が変わっていった。

　2000年の選挙で、リベラルな民進党が政権に就くと、白色テロ受難者の名誉回復とともに日式建築の再評価、保存・再生の動きが加速する。台南の林百貨、台北の華山1914文化創意産業園区など、民間資金による文化発信地としてのリニューアルが注目され、いまや台湾各地で旧官舎、旧工場などのリノベーションが進んでいる［写真07］。

　市民による保存の動きを文化資産保存法が強力にバックアップしており、「所有者が取り壊そうとしても、文化財的価値が認められれば、周辺住民がストップをかけられる」という、日本では考えられない制度が台湾にはある［写真08］。これはイギリスなど欧米では当然のこととはいえ、「保存・再生の分野では日本より20年先をいっている」と評価されるゆえんである。

写真08_1922年築の酒販売商、楊全の旧居は、所有者が開発のために取り壊そうとしたところ市民が反対の声を上げ、彰化県政府が差し止めを命令。翌年に歴史建築（文化財）に登録された。

フィールドノートに刻む記憶
〜私の旅のスタイル〜

手を動かすこと

　地球上のどこにいても、ネットに繋がり、地図を表示し、誰とでもチャットできる時代。スマートホンやタブレットを手にすれば、情報収集も旅の記録（ログ）も瞬時に完成してしまう時代。そんな現代においても、私は「フィールドノートの旅」を続けたい。

　ノートを書くことは、「見る、感じる」こと

から始まる。次いで「書くべき内容を選択する」ことを無意識に行い、「自分のなかで翻訳する」作業に進む。「翻訳」とは大げさかもしれないが、建物の意匠や屋台の食事を言葉で表わす言語化が欠かせない。そして新しいページを開いたら、フライドチキンのイラストは左上に、博物館の入場券は右下に糊貼りしよう……と考える。これが「編集しデザインする」段階だ。そしていよいよペンを握って「手を動かしてアウトプットする」。これらの5つの作業が繋がった一連のプロセス、それが旅のノート作りといえる。

　そこには常に能動性が貫かれている。これこそ、「写真を撮ってデジタルに記録する」だけの旅とのいちばんの違いだと私は思う。

子どもたちに見守られてスケッチをする（新竹県関西）

現場で描いたスケッチに、電車内で文字を追記する

　旅を終えて数年が経っても、ノートを開けばその日のことを思い出す。これも写真にはないノートの効用のひとつだろう。旅先での混乱や落胆、はしゃぐような感動もみな、過去の自分を見るようでもある。ノートはいわば、未来の自分への手紙のようでもある、と私は思う。

　さらに、ノートには、現地の人びととのコミュニケーション・ツールになるという効用がある。ノートに絵を描くために座り込む、すると人が集まってくる。今度は集まった人の似顔絵を描く。すると相手との距離は急に縮まる感じがする。あるいは、「こいつ何をしているんだ」と不思議がられることもある。そんなタイミングも、異邦人が友達を作るきっかけになる。

　また、旅の途上で、言葉が通じない人に対して「こんなところを歩いてきた」と説明する時にもノートは役に立つ。当然、文字としての地名だけでなく、チケットや切符、

そしてイラストが多いほうがわかりやすい。

私の道具　～旅に欠かせない相棒たち

　台湾に限らず、旅に持っていく道具を紹介したい。

　フィールドノートは、横罫入りのA5判・糸綴じを使っている。この大きさならコートのポケットに入るし、食堂のテーブルに広げてもかさばらない。

　筆記用具の基本は黒色の水性顔料ペンを使っている。紙の裏に抜けることなく、また染料と違って後から水で滲むことがない。ペン先は各種の太さが販売されているが、私は0.3mmのドローイングペンでイラストも文章も書く。その他に、目地や瓦のラインなど細線のために0.05mmも持参する。一方、落ち着いてノートを開けない時や電車の中、人との会話での走り書きのためにメモ帳も持参し、そこには4色ボールペンを主に使う。イラストでは下描

旅に持参するA5判ノートとメモ帳

英国ニュートン社製の固形透明水彩絵の具

きはあまりせずに最初からペンで描くことが多いが、複雑な形状の建物やパース（透視図）を真面目に描く時は、4Bなどの軟らかい鉛筆があると重宝する。そうなると消しゴムも忘れてはならない。

ほかには日付やタイトルを強調するための蛍光マーカー、チケットや切符をノートに貼るためのスティック糊。それから、ぶっつけ本番でペン書きするなら誤字は必ず発生するので、携帯用ミニ修正テープは必須。それから15cmプラスチック定規は、紙を切るときに便利である。ハサミやカッターナイフは空港の保安検査をパスできないからだ。画板（クリップボード）は、大きいし重さもあるのだが、私はいつも持っていく。椅子や机がない場所で、あるいはエコノミークラスの小さなテーブルで、細かい文字を書くならば、メリットがデメリットを凌駕すると思えるからだ。

色をどう付けるか。色鉛筆、ブラシペン

など、好みの画材から選べるが、私はウィンザー＆ニュートン社の透明固形水彩絵の具と筆が気に入っている。プラのパレットを用い、古いフィルムケースを水入れにしている。時々、建築の実測道具を持参することもある。巻尺、レーザー距離計、ICレコーダー、ヘッドライト、腰袋（釘袋）そしてバールなどだ。ただ、やはり空港の保安検査で持ち込みが禁止される場合もあるので、旅先で金物屋を見つけて手に入れる場合もある。

描くのはその場で、文章はその日のうちに

ノートをいつ書くか？

その時、その場で。それが無理でも、その日のうちに。そのために絵の具と水も常に持って歩きたい。「大変だろう」と言われることもあるが、それは逆で、翌日になって思い出して書くことの方がはるかに苦労するのである。

それでも「すべてリアルタイムで」というのは無理がある。最低限は「スケッチ、イラスト類だけはその場で」。これはルールにしている。文字は後から流し込む、ということだ。そうなると、「イラストの位置を先に決める」必要が出てくる。実は、ノート作りでいちばん楽しい瞬間はこの作業といえる。レイアウトの基本は「重たい画像

を対角線上に」。インパクトのある絵、チケット、切符などの位置をまず決めて、ノートの見開きの状態でバランスを考える。左右どちらかが「文字だけ」になるのも、強烈な絵ばかりが並ぶのも避けたい。実際には数秒のうちに答えを出すのだが、「白いカンバスに色を落とす」瞬間がその時である。

文字は昼ごはんの時に、あるいは夜のホテルのデスクで、となる。文章はメモ帳に走り書きしてもいいが、最近はICレコーダーを使うことが多い。その建物を後にして歩きながら、口元に近づけて「今見てきた○○は木造2階建てで切妻、外観は○○だがそのデザインは……」などと独り言で録音する。次の目的地までに数分あれば十分だ。

問題は、安い宿に「適切なデスクがない」こと。電気スタンドがないことも少なくない。そういう時は近くの屋台のランプの下で、あるいはカフェで閉店まで粘る、なんてこともある。

とにかく大切なのは、その時の生々しい思いを、冷めないうちに言語化すること。ノートはそれにはじまり、それに終わるといっても過言ではない。

本書は、一部を除き、実際に台湾の旅で作成したフィールドノートをスキャンし、手書きの文章部分を活字化したものである。明らかな誤字の修正や最小限の加筆訂正以外は、旅の雰囲気を伝える意味でも、ノートの記述をそのまま踏襲している。吹き出しなど読みづらい乱筆も散見されるが、その趣旨を踏まえてご寛恕いただければ幸いである。

建物のスケッチはその場で(台北市・松山療養所宿舎にて)
Wei Shan Hsu 氏撮影

台湾最古の都の路地へ
～台南～

「台湾の魅力は台南にある」と土地の人は言う。大航海時代のオランダの支配、明の時代、清の時代を通して、随一の都市であり続けた台南。日本統治時代に大規模な都市計画が施行され、壮麗な官庁建築が整然とストリートに並ぶ。しかし一歩路地裏に歩み入ると、今も迷路のような径が旅人を誘う。地霊とモダニズムが同居する街を、時にはひとりで、またある時は友人とともに私は歩いた。

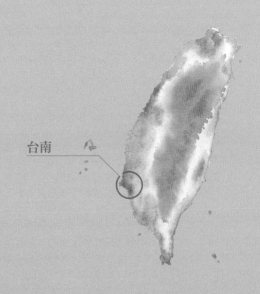

台南

嘉義縣

台南市

高雄市

北門

鹽水

新營

後壁

高鐵（新幹線）

麻豆

林鳳營

烏山頭水庫

佳里

善化

玉井

新市

新化

台南市街

台南

安平

高鐵台南

台南・青年路の住宅

友愛街のU.I.J Hotel&Hostel 1902号室にて07：30起床。坂茂設計の台南市美術館2館の白い姿が望める。台南駅東口で王大維君のスクーターに拾ってもらう。博識で建築愛にあふれる彼のナビに、私は全幅の信頼を寄せている。いざ台南の旅スタート！

拆除中

エンジニアだけど
アマ・カメラマンです。
日式建築好きで、
特に鬼瓦フェチ！

林秉鋐氏(30)
リン ビン ホン

N

永福路孫宅

モダニズム騎楼

中正路

永福路

1937

旧日本勧業銀行

蝸牛巷 かたつむり横丁

林百貨(1932)
梅澤捨次郎の設計。
描くことでその
美しさを実感。

「銀座通り」の
三層のまちなみ
ファサード改変や
御神楽されつつも、
1930年代のアール
デコ。シャープな
庇が美しい。

欧米百貨
旧 五福商店

旧末広町大通りの顔だったデパート。1928（昭和3)年築。二連欄間のカーブが優雅、中央手すりの雷紋、4つの円も入れ子のデザインで見飽きない。巨大すぎるパラペットとペディメント*も破綻がない。現在は1階のみ営業店舗。残ってほしい。

THE BODY SHOP

かくれてます！

⑦陸内科医院

五福商店

台南中正路まちあるきMAP

西門路二段

中正路

正興街

民生路

⑦陸内科医院

エンタブラチュア*のような脚部、持ち送りのリズム感が良い。

クリアストーリー（高窓）から採光
まるで三廊バシリカ教会。

西市場
ウルトラマンみたい！

台南西市場
（1912）

元商店主たちが再入居予定。建築家はリノベしたいらしいけれど……(笑)。

浅草市場

a　b　波？
c

1930年築の出隅のマーケットの門。煉瓦＋RCで表現主義とアールデコ。波のモチーフも美しい。

a
b
c
台南・浅草市場

后拾参三合院老屋
廃屋のまま残している。

三合院（閩南式＊）で馬背＊、磚葺きの廃屋がイベントスペースとして保存されている。随所に日治期の洋風意匠がちりばめられている。若者が次々とやってくる人気のスポットだ。

民権路から迷宮のように入りこんだ路地の奥に 丸窓の洋楼 が静かに建つ。細かい装飾がさざ波のように目に入ってくる。手すりの高欄が、異なる組子のガラス戸が、大和張りの建具の腰が、洗い出しの壁が、各々の音を奏でる。北側の径にのみ「顔」を向け、赤いフランス瓦のヒップゲーブルの個性的な相貌。破風板尻の切り落としは端正で、木ずり漆喰にドイツ壁の「おでこ」との対比も面白い。どんな人が住んでいたのだ

（木造2階建て。和小屋）

民権路二段64巻3號の 丸窓の 洋楼

ろう。更に進むと左手に赤煉瓦の壁と南京下見板のL型の家が見えてくる。この界隈は「日式住宅とは何か」を物語るミニ博物館のようだ。混構造とは何か、和風の引違い戸とは、回転欄間とは、竹小舞の壁下地はどうつくるのか……そんな疑問に見事に答えてくれるだろう。忠義路近く、「哈木屋」

ここも住宅であった

民権路 64巻13號の L型の家

ゲストハウス 伍家
WU
Living / Space
Art.

「子芳樹台」「158.戔」「伍家」など、個性的な宿泊施設が次々とオープンし、ワクワクする一角となる。

アールデコ風
持ち送り

アーチ型ヨロイ戸

フランス瓦

⑦ 塔屋(3F)

ドイツ壁

雷紋

台南赤崁東街
陳一鶴邸
1931年建

オーダー

45°面

陳一鶴医師

美術,音楽
文学と好き
でした

1920生れ

赤崁楼に近い陳一鶴邸に到着。背面（東側）がまず面白い。右手の矩形の塔屋と切妻の対比がユニークで、凹部のドアも勝手口と呼ぶのがためらわれる意匠性がある。

「台南市歴史建築十景」のひとつに選定。「大地色系的洗石子外牆刻著簡潔的細紋，搭配潔白的木造門窗，更顯典雅大方」（老屋顔FBより）。やや荒れた庭にさえぎられて見通せず、隣の「魔法烘焙DIY」に上らせてもらってスケッチ。

複雑なプランと外壁の凹凸に設計者の遊び心を見る。

▶海安路の大通りから西へ、50 mほど下がったあたりに蘇家洋楼が建つ。主屋は総2階の寄棟、南側のスパンは細かい手すり子が並ぶバルコニーに。その上のアーチは横に伸▶

Ⓐ
台南
海安路
蘇家洋樓

2Fバル
コニー上
アーチ

図

バルコニー手すり子

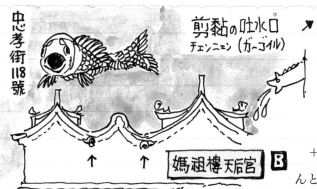

忠孝街118號

剪黏の吐水口* チェンニェン（ガーゴイル）

媽祖樓天后宮 **B**

びやかで、ゼツェッション*風の装飾がファサードを飾る。一方、後方の軀体は赤煉瓦をそのままあらわし、両者の対比も面白い。上げ下げ窓＋回転欄間という定石もきちんと踏んでいる。▶路地を北西に進み忠孝街116巷の、小さな、しかし、珊瑚石のように輝く洋楼に出会う。コーニ*スの波模様、回転欄間の中央の束の、その彫刻の美しさにしばし見とれる。次ページの地図参照。▶案内人の王大維君は、私の「ツボ」を知りつくしていて、心の琴線に触れる建物をつないでゆく。このアールデコ街屋もまさにそうで、カーブした庇は複雑な看板に埋まるまちなみの中で異彩を放つ。

忠孝街93巷49號 アールデコの街屋 **C**

市定古蹟 **D**

台南成功路 原廣陞樓

スクラッチタイル

洗石子

かつての「明治町」に酒楼として1920年代後期に建築。2003年に古蹟に指定。「古典主義から現代建築への過渡期」とされ、十三溝面甎（スクラッチタイル）が使用される。市松模様のタイルは、台湾でもめずらしい。上階に増築あり。

日治時期四條街之草花街(今民權路)

18:00、王君と潘さんに送ってもらい 台南駅 でお別れ。寄存所で荷物を受け取る。レンタルバイクでつきあってくれた潘さんは、王君に負けぬ、知的好奇心に満ちた人だった。ギリギリのためタクシーで高鉄台南駅へ向かう。

原新復興紡織廠ノコギリ屋根 「HAW URI」織布廠と呼ばれた。バットレス*付の妻壁はただの工場と思えぬ意匠性を漂わせている。

ペディメント

忠孝街116巷街屋

手すり子

そらおくり

美しき洋樓のディテール

コーニス、らんまに注目！

C アールデコの街屋(忠孝街93巷49號)

台南

成エカ路

N

生生蘭芸

康楽街

金華街

信義街

海安路

二段

B 媽祖樓天后宮

安路二段

普済里

国華街三段

屎溝乾宮廟

A 蘇家洋樓

18:48発→20:24 板橋着。新北市のメリーデイ ホテ
ルで、ひとりひとりの顔を思い出しながら、いただいた礼
品をパッキングする。成功ポテトチップとは清に抵抗した
明の武将「鄭成功」のことである。

花生特酉

普済里の下見板の家 行き止ま
りの路地の先に建つ切妻とヒッ
プゲーブルの「兄弟」。まちある
きの幸福とは、こう
いう凝縮された
「美の磁場」に
出会えるこ
となのだ。

蜂蜜蛋糕

いただいたもの
ポテトチップス
帆布バッグ
味噌せんべい
鹹蛋せんべい
鹹味
成功洋芋
味噌煎餅
鹹蛋煎餅

台南の
竹鋼筆

新北板橋
府中の
ホテル

Wolke land

▲ 台南市政府からの贈物

西門路二段の街屋の
窓の格子のリズムの美しさ

成功路
原廣階樓
D

MERRY DAY HOTEL

美 麗 殿 城 市 商 旅
MERRY DAY HOTEL

台南市中西區民生路1段157巷(蝸牛巷)27

老屋顔の楊氏と王大維君の案内で横丁に歩み入る。小規模な洋館や、切妻木造住宅の美しさはどうだ……！

対聯（ついれん*）の朱は唇の色のようで、玄関欄間の面格子もしゃれている。文学者葉石濤（ようせき*）の故居はこの近傍にあったらしい。

▶続いて、戦後の映画館全美戯院（ぜんびぎいん*）

出隅詳細

南京下見板のコーナーはトタン包み。

煉瓦基礎のためにスカート状のひろがり。モルタル仕上げ

国立成功大学で「武徳殿」の研究で碩士号を「総督府官舎建築標準」研究で博士号を取りました。

1920年代までは「標準」がありましたが、以後は各州ごとの営繕課が設計するようになり、独自化が進んだのです。

全美戯院は今も手描き看板である！

(1950年)の手描き絵に感動し迷宮探訪を終える。謝々！

永福路二段陳德聚堂

台南市政府
観光旅遊局
陳 信安局長

旅遊服務科
國際股
尤秝蔵さん
ユウ リ ウエイ

旅遊服務科
陳 崇彝 科長

ひと口で
どうぞ！

「このレストランは、ぼくらでもなかなか入ることがないんですよ」と笑う王君に見送られて（ゴメン！）、阿霞飯店に到着。

大根
からすみ
ネギ

台南人はこうやってカラスミを食べるんですよ♡

私の恩師、傅朝卿先生の『台湾建築文化遺産・日治時期編』です。さしあげます！

台南市政府観光旅遊局陳信安局長らとの夕食会へ。

祖父母 日語 台語
父母 台語 華語
自分 華語
↑世代によって母語異なる

陳局長は歴史的建造物研究、特に日式宿舎の専門家である。彼によると、「1905～20年までは総督府の『標準仕様』（全島共通）が守られていたが、それ以降は各州ごとの営繕課等が設計を担い、独自デザイン化が進んだのだ」という。

阿霞飯店のディナー
あげダンゴ
ゆでたイカ
豚肉
レバー＋ショウガ
カニ身入り卵焼き
ゆでたエビ
クラゲ
お酢→醋
玉ネギ＋カツブシ＋落花生

台南
の建築
その1

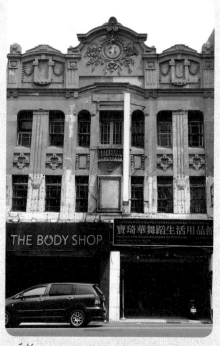

林百貨（台南市中西區忠義路二段63號／1932年）
山口県出身の林方一が建設したRC造5階建てのハヤシ百貨店。当時最先端のエレベータが装備され市民の人気を集めた。廃墟化していたが、1998年に市定古蹟となり改修、2014年に再びオープンした。梅澤捨次郎設計。

旧五福商店（台南市中西區中正路124、126號／1928年）
日本時代に「欧米百貨」すなわち化粧品や蓄音機、レコードなど多様な商品を扱った。モダニズムが加味された装飾的なファサードは現在も中正路を彩る。2020年に保存が決定。

蝸牛巷（台南市中西區永福路二段）
屈曲した細街路のひとつで、かたつむりのオブジェが置かれ古民家も多い一角。作家・葉石濤が晩年を過ごした居宅もある。

蘇家洋樓（台南市中西區海安路二段455巷15號／）
煉瓦とRCの混構造、2階建てゼツェッション風の住宅。戦後に区長を務めた蘇昭統の住まいだったことから蘇家洋樓と呼ばれる。

北極殿のタイル装飾（台南市中西區民權路二段89號）
ここに限らず台湾のまちなかには多くの寺廟があり、屋根の棟飾りに多くの破砕タイルの装飾（剪黏）が見られる。右写真は媽祖樓天后宮（中孝街118號）のもの。

丸窓の洋館（台南市中西區民權路二段64巷）
細い路地のつきあたりにある洋楼のひとつ。ヒップゲーブル屋根に丸窓が目立つ。

陳一鶴故居（台南市中西區赤崁東街56號／1931年）
和洋折衷の2階建て住宅。医師の陳一鶴が住んだ。2021年末、市政府は暫定古蹟とすることを発表。

旧寶公学校（台南市北區西門路三段41號／1938年）
台湾総督府は小学校に本島人（台湾人）が通うことを原則として許さず、別に公学校を設立して日本語などを教えた。これは市定古蹟となり、戦後は立人国民小学に改名。校舎は現役。

原台南地方法院（台南市中西區府前路一段307號／1912年）
円蓋、三角ペディメントの東西の玄関、西側に塔を持つ、非対称なファサードの煉瓦造の官庁建築。バロック的装飾が内外を飾る。2001年に供用を停止し改修、2016年から展示施設として公開。国定古蹟。

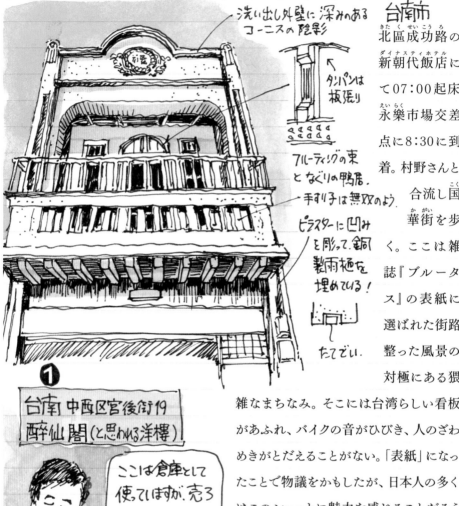

洗い出し外壁に深みのある
コーニスの陰影

タンパンは
板張り

ブルーティグの束
となくりの鴨居

手すり子は無双のよう

ピラスターに凹み
を彫って、銅
製雨樋を
埋めている！

たてどい.

台南市

北区成功路の
新朝代飯店（ダイナスティホテル）に
て07：00起床。
永樂市場交差
点に8：30に到
着。村野さんと
合流し国
華街を歩
く。ここは雑
誌『ブルータ
ス』の表紙に
選ばれた街路。
整った風景の
対極にある猥

①
台南 中西区宮後街19
醉仙閣（と思われる洋樓）

ここは倉庫として
使ってはずが、売ろ
うとでも買い手が
つきません。日本
の河野龍也先
生が調査に来
られました

玉記行の
郭承棟氏

雑なまちなみ。そこには台湾らしい看板
があふれ、バイクの音がひびき、人のざわ
めきがとだえることがない。「表紙」になっ
たことで物議をかもしたが、日本人の多く
はこのショットに魅力を感じることだろう。
宮後街の 醉仙閣 を描いていると、
後ろの店（玉記行）の郭氏が椅子を差し
出してくれる。彼こそ、この洋館を借りて
倉庫として使っているご本人であった。

「以前、日本人の研究者が来て調べていったよ」と、佐藤春夫研究の河野龍也先生の名前を教えてくれる。「ここは酒楼だった。2年前に売られたが、今後所有者はまた変わるかもしれない」と現所有者の連絡先を下さった。河野先生の粘り強い研究によって、移転した酔仙閣の場所がようや

佐藤春夫
（1892 ～ 1964）

1920年頃、府城の玄関口だった安平港が廃れて、高雄（打狗）にその座をうばわれてゆく時代の描写

女誠扇綺譚
1926
佐藤春夫

く確定され、台湾各地を歩き台湾を愛した佐藤の足跡が分かってきた。

❻昌水果批發

ペディメント右端部のアールデコ装飾

消えない足あとを求めて
―台南酔仙閣の佐藤春夫―
河野龍也

佐藤春夫の台湾滞在に関する新事実
台南酔仙閣と合北書訊会さ
河野龍也
（実践女子大学）

ペディメント
脇の隅飾り
四角額は空白
細やかな
卵鏃

変形雷文

亭仔脚の両端の優美なる持ち送り

❸
民権路三段10號の洋楼 ❷とウリこつだが、角形ペディメントとコーニスまわりが旧状をよく残している。

台南 西門圓環 とその周辺

⑭ 連晟旅行社を含む 四姉妹騎楼、窓は 縦長で3の倍数。

1945年の台南空襲で 破壊されたが、戦 後に復元か.

魚羹 35元 35元

富盛號にて 碗粿を 食す

雑踏が 怖いずるしい!

日本人にとっての ステレオタイプは これか…

BRUTUS

BRUTUS 表紙炎上 事件の

('17年8月1日号の) 国華街のまちなみ

BPUTUSの アプリで遊 ぼう!

永楽

国華街三段

市場

矢羽根格子 のある洋館

たぶん戦後 だろう…

艾爾摩莎 ⑰

赤崁螢楼 ⑯

銀成

松菁・擺暝駐在所 ⑮

宝美樓

街屋

街屋

西門路

西門路 二段

新美街

開基武廟

① 醉仙閣

⑩

阿銘牛肉麺

新美街

水果批發

水果批發

⑦ ⑤

⑥

④

BigLong ⑫

② 真徳薬行 (民権路三段18)

③ 三段10號洋楼

金成

⑧ ⑨ ⑪

民権路

⑨ 韓内児科診所

トタン屋根に守られた赤煉瓦、亭仔 脚 の洋楼。小さなからだに溢れん ばかりの美しいディテールをまとい、 「兄弟」たちとともに民権路を彩る。 大小のデンティル、軽やかなリ ボン、持ち送りもユニーク。角形 ペディメントも美しい。

⑦ 宮後街2號の洋楼のバルコニーの透かし模様。その下の持ち送りも見事である。

⑱ 來了 (隆發版畫店)

西門圓環と國華街一帯

安平古堡

神農街

台南公園

赤崁樓

台南車站

台湾文学館

藍晒園

水交社

中西區

廣安宮
街屋

陳一鶴旧宅

赤崁樓

民族路二段

大天后宮

祀典武廟

民族路二段

⑨のカルトゥーシュ

⑭

戦後?

全美戯院

④ 金格食品
台南西門店
(西門路二段275)

⑬

民權路二段283の息を呑む傑作

⑪

⑫ カフェバー
Big Long
うす皮1枚残る

Big Long

Cactus&Cat Cafe 仙人掌与猫

⑤ 日本統治後期モダニズムの香りを漂わせる2つのランドマーク。両者の間の細い路地が宮後街。

朝の濃厚な台南建築散歩を切り上げて台南車站(しゃたん)へ。今日は北郊の新營(しんえい)と鹽水(えんすい)を訪ねる。

❶ 新營區同濟街56號　村野さんと共に10:48台南発。

わずか20分、自強号118次で11:11に

新營站に到着　さっそくまちあるきスタート!

先頭車はELだ!
E1000型 (プッシュプル 推拉式)

▲第一公差宿舎の窓の格子模様

新營の名は、司馬遼太郎(しばりょうたろう)『街道をゆく40　台湾紀行(ていせいこう)』の冒頭に、鄭成功(1624〜62)以来、鄭家三代による屯田制開発の例として登場する。更に1947年、2.28事件*の受難者でもある内科医の沈乃霖氏(シェンナイリン)と田中準造氏との涙の再会の舞台としても描かれている。

新營糖廠第一公差宿舎 (廠長宿舎/1937)

❷

珍しい半割丸太下見板張り

司馬遼太郎

←ファサードは左側(東)　壁押しタイルの腰壁

③ 塑膠工廠辦公室（1971）

そして当時の「日本」で最初に米軍の空襲を受けた街であることも記されている。鹽水港糖廠は、一貫してこの街の最大の主要な産業でありつづけた。駅前から同濟街の木造住宅を見た足で、中興路（ちゅうこうろ）を南下し、かつての鹽水港糖廠（現・新營糖廠）の、整然とした敷地内に歩み入った。

鹽水港製糖総社辦公室 ④

1908

高床のロッジア　三心アーチ

②の丸窓

十字の格子

④の柱脚

アールデコ！

いちに洗い出し、手の込んだ幾何学模様の台

渡り廊下でつながれた西棟

セメント瓦

臺灣鐵路局

2019.07.23　118次
全票　　　　自強
　　　　　　T.C.LTD EXP

臺南　　　　10:48開
TAINAN　　DEPARTURE

▼　　12車13號
　　　　CAR.12 SEAT.13

新營　　　　11:11到
XINYING　　ARRIVAL

NT$87

限當日當次車有效

N90122711247973
4220-1264-0723 10:22

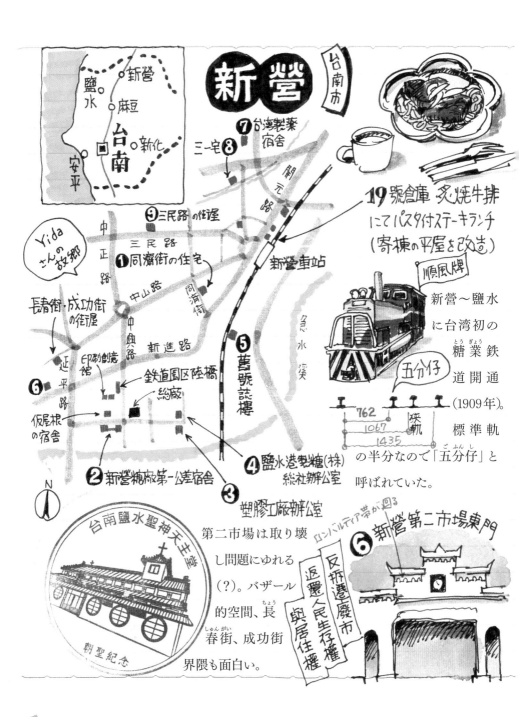

新營

台南市

Yidaさんの故郷

⑦台湾製薬宿舎

三一宅⑧

⑨三民路の住程

①同濟街の住宅

長清街・成功街の住程

印刷創意館

鉄道園区陸橋
総廠

⑥
延平路
仮屋根の宿舎

新營車站

⑤舊號誌樓

②新營糖廠第一公差宿舎

③塑膠工廠辦公室

④鹽水港製糖(株)
総社辦公室

N

762
1067
1435
夾軌

19號倉庫 炙焼牛排
にてパスタ付ステーキランチ
(寄棟の平屋を改造)

順風牌

新營～鹽水に台湾初の糖業鉄道開通(1909年)。標準軌の半分なので「五分仔」と呼ばれていた。

五分仔

台南鹽水聖神天主堂

朝聖紀念

第二市場は取り壊し問題にゆれる(?)。バザール的空間、長春街、成功街界隈も面白い。

ロンバルディア帯が回る ⑥新營第二市場東門

反拆遷廢市
返還人民生存權
與居住權

⑤ 新營車站
　　舊號誌樓

（鉄道信号扱所の遺構。窓のデザインが良い。）

新聞刊A10

http://www.ltn.com.tw　　本報圖

13:50駅前に戻り、倉庫をリノベーションしたステーキ屋「19號倉庫」で、パスタ付ステーキ昼食。線路沿いの倉庫群をチラ見しつつ**⑦ 台湾製薬（株）宿舎群（大同路〈だいどうろ〉）**へ。下見板張りの木造平屋が廃屋化して放置されているのを見る。

1936

⑨ 三民路42號の街屋

⑧ 三一宅・藝空間（旧本田三一宅）

やわらかな寄棟押縁下見板が丁寧に修復されてカフェに変身。

細道の出隅に建つ寄棟2階建て。ウグイス色の下見板と中華的3連窓のファサード。戦前の建物か。

木製建具上げ下げ窓

15:23新營バスターミナルからマイクロバスに乗り、西へ進む。約15分でいにしえの港町・鹽水（月津港）に着く。かつて台湾第4の都市と呼ばれ、17世紀鄭氏政権のころから栄えていたこの街は、縦貫鉄道の敷設を風水上の理由で拒否してから（1901年）、急速に賑わいを失ったと聞く。

こちらの柱は煉瓦
【炉輝起】

丸柱

対連のある
出入口

ⓒ 橋南老街
の閩南式街屋の出辰起

ⓓ

ⓔ 叫ぶ鶏

鹽水は楽しんだかーい？

月津では旧暦1月15日にランタンフェス（月津港燈節）があって、水面が光で覆われるんですよ！今年の2月12日に来ました〜

村野さん

その「取り残されてしまった」感が、旅人にとってはこの上なき魅力を与えてくれる。丸柱に貫を通し、大瓶束を立てて母屋を支えるプリミティブな亭仔脚（平屋）には鍛冶屋の槌音が流れる。かと思うと、アールデコの「姉妹たち」が競演する中正路の華やかさ。日本統治以前の1847（道光27）年築の異形の建築八角楼、そしてこれ以上ないユニークさの現代建築というべき教会。鹽水天主堂（1986年）の「中華風の三位一体図」を見る。それは確かに、西洋的図像に慣れたわれわれにとっては不思議な姿であるが、外来をつねに受容し、「本土化」してきた台湾らしさかもしれない、と思った。

臺灣鐵路局
2019.07.23　　373次
全票　　　　　自強
　　　　　T.C.LTD EXP

新營　　　18:31開
XINYING　DEPARTURE
▼　　　　5車8號
　　　　　CAR.5 SEAT.8
臺南　　　18:59到
TAINAN　ARRIVAL

NT$84

嘉站當次車有效
別
N90123342677901
4120-1257-0723 18:19

台南
の建築
その2

新營糖廠塑膠工廠辦公室（台南市新營區中興路31巷）
製糖プラントの建築群が町外れに残る。線路敷きも
保存され歴史建築に。塑膠とはプラスチックのこと。
合成樹脂の工場の事務所として建てられたもの。

新營糖廠第一公差宿舍（台南市新營區中興路31巷／
1937年）
木造平屋、寄棟にセメント瓦を葺く。幹部用の宿舍
で、半割り丸太を外壁に張る。

旧鹽水港製糖株式會社總社辦公室（台南市新營區
中興路31巷／1908年）
櫛型アーチが並ぶベランダを備えた寄棟造り、煉瓦
造の事務所建築。戦後は台湾糖業が所有し実験室
などにも利用した。

三一宅／藝空間（台南市新營區大同路39號／1935年）
土木業を営む日本人、本田三一が建てた木造平屋、
寄棟造り桟瓦葺きの住宅。床の間のある畳の部屋を
復原し、台湾茶・日本茶の文化を継承する施設とし
て再生。

新営の街屋（台南市新営區三民路）
詳細は不詳だが、まちの随所にこのような南京下見板の木造2階建ての店舗兼用住宅を見る。シンプルだが回転欄間付きのバルコニードア、上げ下げ窓が残るファサードは、これが日本統治時代に生まれたものである可能性を示す。

鹽水中正路の街屋（台南市鹽水區中正路113號）
目抜き通りにずらりと並ぶ「七姉妹」の「長女」と呼びたいアールデコの街屋。雷文をそのままパラペットにした破天荒さがユニーク。

鹽水八角樓（台南市鹽水區中山路4巷1號／1857年頃）
砂糖で財を成した葉連成商号という商家。清代末期に建てられた煉瓦造・木造のハイブリッド構造、八角形プランという珍しい2階建て。歴史建築に登録。

橋南老街（台南市鹽水區橋南街）
清代に物流拠点として栄えた鹽水の最古の街路のひとつ。鍛冶屋が軒を連ねる。月津港が土砂堆積のために衰退し、時間が止まったような一角。平屋の亭仔脚という本来の姿が残る。

松稜櫓露駐在所

⑮

新朝代飯店2606室にて07：30起床。永樂市場からまちあるきフィールドワーク開始。新美街は細い路地が屈曲し、その両側に心のこもった逸品が並び、カフェ、オフィスなどに美しく再生されている。宝石のようだ。日差しが強くなる10時すぎ、「日式建築MAP」（あとがき参照）に導かれて民族路二段に出たところで、目の醒めるような出会いが待っていた。大通り側を主ファサードにして、亭仔脚の上に白亜の洋楼をのせる。縦長の上げ下げ窓は端正な品格を示し、緑色の横（水平）ラインはアールデコ風のハイカラさを匂わせる。コーナー部をゆるやかに湾曲させているのも、その上部に幾何学的リボンを飾るのも見事な演出。3階に、窓だらけの木造の房を御神楽しているが、それもまた風景になじんでいる。カフェ「茶日」のベンチで描いていると、台南市政府の陳信安局長からスマホに着信。「いま市内でしょう？　例の本を持っていきますよ」。5分後に車で到着されて『臺灣建築文化史』を頂戴する。原住民建築から閩南式、日式を経て現代建築までを網羅した一冊。

台南市観光旅遊局長　陳信安氏

臺灣建築文化史

3kgほどの大著ですが渡邊さんには必要な一冊です。さしあげます

沖縄で林百貨が出店し、イベントで昨日、行ってきました〜

茶日　青茶遊人

赤崁璽楼と艾爾摩莎の建具大全

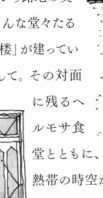

つづいて赤崁璽楼（せっかんじろう）と艾爾摩莎（ヘルモサ）の建具大全の路地に歩み入る。人がすれ違えばギリギリという路地の奥に、こんな堂々たる「四層楼」が建っていたなんて。その対面に残るヘルモサ食堂とともに、濃縮された熱帯の時空がポンと出現したかのよう。亀が遊ぶ坪庭から、古爵豪氏（こしゅくごう）がアイスティーを手に近づいてくる。「日本の方ですか？お茶をどうぞ。よかったら内部もご覧ください」。人造石研ぎ出しの階段手すりなど、室内は輪をかけて濃密だ。

F

縦軸回転

Ku Evan です！

店員の古爵豪氏

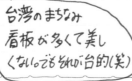

台湾のまちなみ 看板が多くて美しくない。でもそれが台的(笑)

HERMOSAは預約制餐廳

CHI KAN Imperial Seal

赤崁璽樓

Vegetarian
蔬食料理餐廳
Facebook 赤崁璽樓

エッジが銀杏面！

対面

両端のエンブレム

カルトゥーシュも見事

手すり面格子

中山路74號

台南・旭峯號 (1936?)

衛民街143巷8號の二層樓

台南駅から湯徳章紀念公園にかけてのエリアも美しい日式建築の宝庫。限られた敷地いっぱいに個性の翼を広げ、持ち送りに、勲章飾りに、パラペットに、そして洗い出しや人研ぎのテクスチュアに情熱を込めた饒舌な店や住まい。日治後期、台南車站と同じ頃の食器店「旭峯號」は珍しく総2階建て切妻造り、角地ゆえに2方向に大きく開口を取る。南側（2階）は引違いガラス戸で開放感を出し和風を匂わせつつも、バルコニー手すりの鉄窓花は台湾の香りを漂わす。今は果実店「優果鮮」に転用。軀体の出隅のアール（R）がマンゴーの曲線にも見えてくる。注目すべきは中山路を隔てて向かい合う74號の民家。まるで台湾の"ちいさいおうち"だ。

亭仔脚と木製建具の家

衛民街132街屋

望火楼

旧台南合同庁舎（消防史料館）

1930年に6階建ての御大典紀念塔が完成。私設消防隊をつくった住吉秀松（1872〜1928）の彫像も。両翼増築は1938年に完成。98年市定古蹟に。2019年史料館にリニューアル。帝冠っぽい望楼に、強烈なアールデコを纏った、後期日式建築の代表作。2011年の訪問時には雑然とエアコン室外機が並んでいたのに！

住吉秀松

湯德章律師

湯德章紀念公園

No.A 2431448

〇元

赤崁樓

―― 國定古蹟 ――
CHIHKAN TOWER

鴟尾ではなく
鬼瓦がのる
切妻

フランス瓦
(セメント製)

無双の腰

台南市・水交社文化園區 (水交社歴史館)

張 承袤君(4)

おじさん、何してるの?
ちんでボクを描いて
いるの?

台南 站前、ホテルタイナンにて07:00起床。バスタブもある立派な宿である。荷物を残しタクシーで興中街の水交社へ急ぐ。快晴、日ざしは痛いほどで、まさに常夏の地だ。文化園區は本日オープン、臨時駐車場や仮設トイレも並び、一大フェスティバルといった雰囲気。展示館の対面でスケッチしていると、子連れのお母さんが話しかけてくる。すぐに「あなたは本を出した人では?」と日本語に。京都留学経験のある彼女は、拙著を読んでくれたという。「でも、あの本では台南のページが少なかったでしょ。もう少しがんばって欲しいなあ〜」と笑う。近くにいた別の年配の女性が「〇〇のあたりには日式住宅が多い」「天公廟隔壁を見なさい」とアドバイスを、そしてダンゴスープもプレゼントしてくれた。戦闘機（タイガーⅡ）実機が屋外に置かれている。木造の宿舎ではなく、外壁煉瓦造の平屋がメインなので、「日式」の外観イメージとはちょっと異なる。ここは2004年に上級武官用宿舎8棟を市定古蹟に指定し、2013年に修

2本の煙突

貯水タンク

水交社
SHUEI JIAO SHE Cultural Park

復・活用プロジェクトを始動、2016年から工事を進めてきた。総工費3億NTD[*]とのこと。陳信安局長に挨拶して、「眷村主題館[*]」という南端の建物を見学。アーティストが元住民を招いて「記憶」を採集したという斬新な

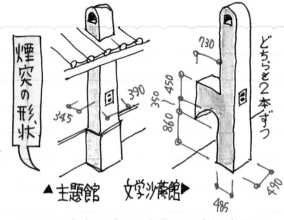

煙突の形状

390
345

▲主題館

730
450
350
860 450

490
485

どちらも2本ずつ

文学沙蔵館▶

展示。日本海軍時代、中華民国空軍時代それぞれの歴史を、写真・建築・映像・食・文学を通じて伝えている。インタビューのビデオや「食べ物」展示で、「動的」に見せている。

N

防空壕
（RC）

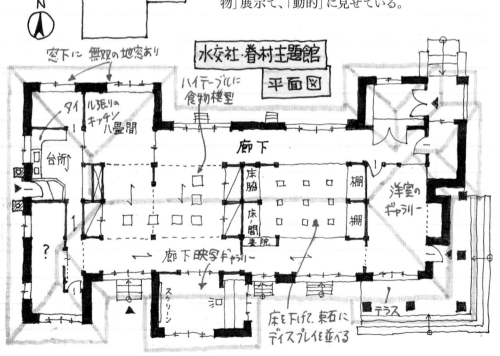

水交社・眷村主題館
平面図

窓下に無双の地窓あり

ハイテーブルに食物模型

タイル張りのキッチン

八畳間

台所

廊下

床脇

床間

書院

棚

棚

洋室のギャラリー

?

廊下映写ギャラリー

スクリーン

床を下げて、束石にディスプレイを並べる

テラス

台南水交社・眷村主題館 を見て、台湾の日式建築再生・活用のあり方は「またひとつ突き抜けた」という印象を持つ。小さなハイテーブルの展示は「のぞきこむ、プライベート感」があり、床を下げて束石の上で動画を見せる手法は（バリアフリー的には難があるが）、建築の構造的特性を視覚化する面白さがある。お菓子のディスプレイから歴史を学ぶなんてすてきじゃないか！　建築としては、「煉瓦＋臥梁（がりょう）」という外皮なのに、内部には和室があるという意外性は台湾でよく出会うもの。実測する立場としては、壁の厚みと通り芯のズレが生じていて、

タイガーⅡ

F-5E戦闘機の実機ディスプレイもあり.
水平尾翼が傾いてる！

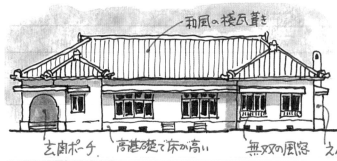

和風の桟瓦葺き

玄関ポーチ.　高港礎で床が高い　　無双の風窓　えんとつが2本(台所+浴室用)

水交社 春 一戀
臺南航空隊
雷虎特技小組
水交社 文化園區

髮 水交社
文
化
園
區

眷村主題館
水交社展演館
水交社歴史館
藝術特展館
AIR臺南館

間取りを把握してグラフ用紙に平面図をスケッチするのに苦労するというのも台湾らしさといえよう。老若男女でごった返す園内、ここも重要な観光・文

化の拠点として愛されていくことだろう。またしても、日本は2歩も3歩も遅れをとってしまったようだ。12:00、水交社を離れ、台南のまちを西へ。公有零售市場保安市場を目印にして、台南旧新町まちあるきをスタートする。町の西寄り、運河に近い一帯。大智街と大勇街交差点の出隅の建築が気になり、立ち止まる。大きく角切りしたコーナーに緩勾配のペディメントを立て、カルトゥーシュ[*]（勲章飾り）が見事。

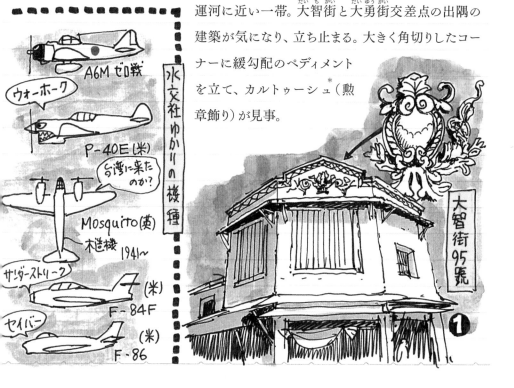

A6M ゼロ戦
ウォーホーク
P-40E（米）
台湾に来たのか？
Mosquito（英）
木造機
1941〜
サンダーストリーク
（米）
F-84F
セイバー
（米）
F-86

水交社ゆかりの機種

大智街95號

①

蜂向 (旧四海商店)
この部分は増築

「ムカイハチ」自転車をあつかっていた三間商業建築。三角部はのちの増築。

公園路角の騎楼
素朴な緑色のシンプルな下見板引違い窓。

原嘉南大圳組合事務所
(1940) 上水道を司るモダニズム建築だが、抽象化された柱頭(ちゅうとう)が面白い。

台南公会堂

公園路

公園路

市立美術館1館

英代大使館店

N

成功路

測候所

原台南合同庁舎

台南

原台南

端正！煉瓦の質感は夜の間接照明が効果的。両端ピラスター*の雷文やデンティルが秀逸。

成功路173の洋楼

地味ながらもよく見るとデザイン要素のかたまり。イナズマ彫りの鋭さとRコーナーの優しさ、吹き寄せ*の持ち送りも良い。

霜花亭アイスクリーム店

愛國婦人會館 (1920) 上下ツートンカラーは北投温泉(ベイトウ)を思わせる。スカート状の南京下見板のひろがりがユニーク。階段(?)の変則窓に予定調和を破る面白さがある。

原台南放送局（1932）

市定古蹟。南門電影書院（なんもんでんえいしょいん）に再生。3度目の来訪で知る、この建物が最も美しいのは夕刻だと。ファサードの30cmほどのわずかな凹凸も、極端に薄い軽やかな庇も、そして幾何学的なタイルのパターンも、横から射す斜光によってあざやかに浮き立つのだ。車寄せポーチの持ち送りも見どころ。屋根は洋風なのに、出桁と垂木（たるき）は和風で、鼻隠*すら無い。この「不調和の調和」が良い。

持ち送り

開山路

タイル

南門路 まちあるきMAP

⑦徳化堂

台南孔廟

大南門城

放送局

運動 公園　國民路→

中山國民中学

南門路

この先に:公墓

新都路

林百貨の弟！

八角形と丸窓のリズム感

水交社日式宿舎

かつての日本海軍宿舎と将官のサロン「水交社」建築群で、2004年に市定古蹟に。戦後の眷村（けんそん）としての歴史も保存している。アーティストたちの「工芸聚落」としても活用されている。

南門路221の洋樓

横浜のネーミングに倣（なら）うならば、「出隅のジャック」と呼びたい。3階建具の矢羽根格子に比してコーニスはシンプル。陰翳があまり濃すぎないアールデコ。「兄の林百貨」を意識している！

⑦徳化堂 …雨淋板?!

台南
の建築
その3

旭峯號（台南市中西區中山路79巷6號／1936年）
昭和初期に建てられた食器や金物を扱う店。角地に建ち2面を道路に向ける。廃業したのちに改装され、新たにフルーツとジュースのショップになった。

赤崁樓（台南市中西區民族路二段212號／1653年、後に改装）
オランダ人によって築かれた城塞。プロビンティア城とも。1661年に鄭成功が奪取し東都明京と改称。当初は階段ゲーブルの洋風外観を持つ煉瓦造建築であった。

消防史料館（台南市安平區中正路5巷1號／1938年）
先行して望楼が建ち（1930年）、のちに増築して台南合同庁舎となった。2019年に改装しリニューアルオープン。

赤崁璽樓（台南市中西區西門路二段372巷10號）
戦後に建てられたRC造の皮革商店兼住宅「東亜皮件・洪宅」を修復。モザイクタイルや磨石子などのデザインを残しレストランに改装した。

水交社文化園區（台南市南區興中街118號）
日本海軍の宿舎として建設され、戦後は中華民国空軍の施設に。眷村としての歴史も残し2019年末に文化園區に整備。2022年、世界不動産連盟による「世界最優秀建築賞」文化資産部門の銀賞受賞。

旧「新町」の街屋（台南市中西區大智街76號）
かつて新町と呼ばれたこの界隈は花街が置かれた
場所。当時の雰囲気を伝える華やかなディテールが
そこここに残る。

台南公会堂（台南市民權路二段30號／1911年）
台南を代表する庭園だった呉園（ごえん）に建てられた2階建
てのバロック風集会施設。敷地西側にある木造の茶
屋は、1929年に柳下勇三によって建てられた柳屋食
堂を再生したもの。

原台南放送局（台南市中西區南門路38號／1932年）
全面タイル張りのモダニズムの作例。近年再生され
て南門電影書院としてオープン。右写真は外壁の型
押しタイルとスクラッチタイル。

向蜂（ムカイハチ）（旧四海商店）
ファサードのレリーフを見て歩くのもフィールドワーク
の楽しみのひとつ。日本時代の屋号が残るものも多
い。

台南愛国婦人館（台南市中西區府前路一段195號／
1940年）
日本時代に愛国婦人会の台南支部として建設。1階
をタイル張り、2階を南京下見板に張り分ける。屋根、
出窓、庇が変化に富んだ表情を見せる。市定古蹟。

南門路の洋館（台南市中西區南門路と南寧街の交差点）
「林百貨の弟」と呼びたい逸品。交差点の角地に隅切
りしたファサードを見せる商店建築。カルトゥーシュ
と円窓がアクセント。店舗として現役。

台南の都市景観という点でも、都市計画の原形を見るという点でも、そして勿論、最も重要な日式建築を識るためにも、われわれはまず **湯徳章紀念公園（民生緑園・原台南大正公園）** の前に立たなければならない。そこはまた台湾の人びとにとっての最も深い傷である2.28事件の現場のひとつであり、ゆえに民主主義の原点ともなっている。台南市街にある環状交差点7ヶ所のひとつ、公園を見守るように建ち並ぶ ↗

1912年に天野久吉が創業し、大衆食堂から高級社交場に変身した

❶ 鶯料理（鶯嶺食肆） は、煉瓦の壁柱の上に寄棟平屋が載るユニークな構造。台風で被

イギリス積み　　下見板最下段はスカート！　　狭スパンだがトラス架構　　違い棚のある床脇が窓側にある?

▶ 街屋のひとつは林久三（はやしきゅうぞう）が設立した写真館。左棟は水平線を強調し、丸窓もあるモダニズム、右棟はカルトゥーシュやエンブレムを備えている。

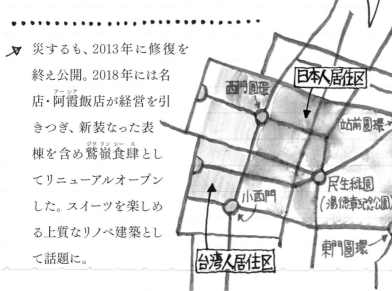

原・中央写真館 ❸ 現・一家照相館

竣工当時のファサード

このロータリー（ラウンドアバウト）は台南の都市景観の重要な要素であり、1900年にパリの街区を視察した長野純蔵（なが の じゅんぞう）（台南市区計画委員会）のアイデアである、と「アンイータウ観光倶楽部」のサイトに書かれている。「台南市区改正計画」は1911年に公布されたが、台南は歴史が古く、入り組んだ路地はそのままとりこまれ、それがまた迷宮都市の魅力にもなっているといえよう。「地霊」を感じられるゆえんだ。

▶ 災するも、2013年に修復を終え公開。2018年には名店・阿霞飯店（アーシア）が経営を引きつぎ、新装なった表棟を含め鷲嶺食肆（ジウリンシース）としてリニューアルオープンした。スイーツを楽しめる上質なリノベ建築として話題に。

西門圓環

日本人居住区

日本軍営

站前圓環

小西門

民生緑園（湯徳章紀念公園）

東門城

便甲圓環

東門圓環

台湾人居住区

制帽のような
アールのペディメント

2F窓は
半円アーチ

1F窓は
長方形

初めてこの建物を見たのは
2011年10月、
当時はまだこ
の紋章が輝

POLICE

❹

く台南市警察局の現役庁
舎であった。そのエンブレ
ムのせいもあって、コーナーの
入口上のペディメントはまるで警察官の制帽

のように見えたものだ。**梅澤捨次郎による旧台南警察署(1931)**、頼清

徳市長(当時)の方針のもと、赤漆を剥がし、展覧室とエレベータを増設、内装をリ

フォームした上で**2019年 台南市美術館1館**

としてリニューアルオープンした。台湾

には印象的な「出隅の建築」↗

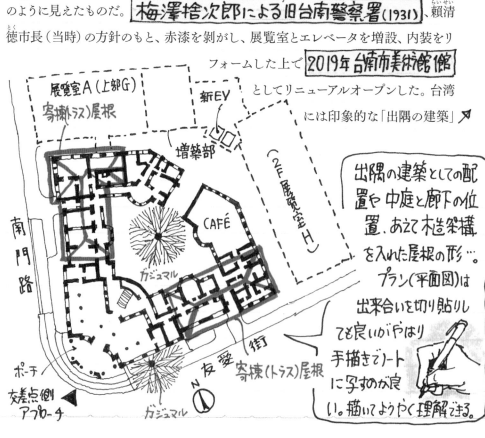

展覧室A（上部G）
寄棟（トラス）屋根

新EV

増築部

（2F 展示室H）

CAFÉ

ガジュマル

南門路

ポーチ

交差点側
アプローチ

N

ガジュマル

友愛街

寄棟（トラス）屋根

出隅の建築としての配
置や 中庭と廊下の位
置、あえて木造架構
を入れた屋根の形…
プラン（平面図）は
出来合いを切り貼り
ても良いがやはり
手描きでノート
に写すのが良
い。描いてようやく理解できる。

中庭の榕樹

↗ が多いが、これは
軽やかでありなが

石川県鶴来
（つるぎ）（白山市）
で生まれました。
工手学校は
今の工学院
大学です

梅澤捨次郎
(1890〜1958)

深夜に作図
してました

1890	石川県生れ
1907	県測量助手
1908	工手学校へ
1911	卒業
1911	渡台（営繕課 土木部）
	監督助手として 専売局本局·台中医院病室
1916	監督として 花蓮港医院院長宿舎,台東郵便
1917	技手に昇任
1922	台北高商（台北社会科学院）主任に
1924	台中師範,台北高等体育館,台北帝大研究室
1930	台南州土木課技師（営繕係長）
	安平赤煉城修復,大地震復興
1931	台南警察署竣工
1932	末広町店舗住宅＋林百貨
1934	台湾日日新報台南支局,鹿林山荘
	専売局技師として専売局新竹支局
1936	嘉義支局
1937	松山煙草工場,板橋新酒工場
1939	澎湖出張所,蕃子田無水酒精工場
1945	台湾光復（日本敗戦）
1955	留用日人として残留する 胃ガンで帰国
1958	68歳で逝去【蔡龍保氏を参照】

フィニアルと
ヒップゲーブル

台中医院
雨淋板

破風板も
オシャレ♥

イオニア··
オーダーと
半円アー4
クラシシズム

台北高等商業学校

ザ·折衷

台中師範

末広町

アールデコ

速成会
1927

アールの躯体に薄いひさし

嘉義専売局

新竹専売局

表現主義

澎湖

表現主義に薄いひさし

まじめ！

松山

ら、計算された巧さに充ちた傑作といえよう。それは特に、南西コーナーの主出入口周りのキュービックな造形に見てとれる。夕刻の「マジックアワー」では、半円形と両「頬」のマッシブな塊がその陰翳をダイナミックに変化させる。更に入れ子構造のように、無数のスクラッチタイルの「十三溝」に刻まれる影の動きとして再現されていくのだ。2階展示室の、雄壮なキングポストトラスに包まれた建築パーツギャラリーを食い入るように見ながら、私は「非エリート建築家」そして「留用日人（リュウヨン リーレン＊）」として生きた梅澤捨次郎の生を思う。1911年に21歳で渡台してから、1955年に65歳で帰国するまで、44年間を台湾で過ごした彼は、→

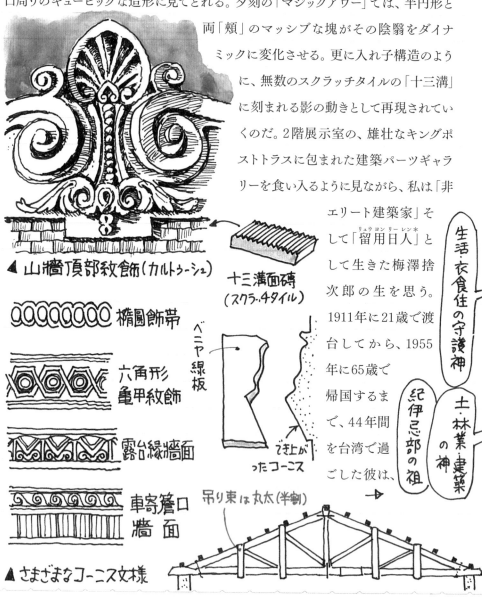

▲ 山牆頂部紋飾（カルトゥーシュ）

十三溝面磚（スクラッチタイル）

橢圓飾帯

六角形亀甲紋飾

露台縁牆面

車寄簷口牆面

▲ さまざまなコーニス文様

ベニヤ緑板

でき上がったコーニス

吊り束は丸太（半割）

生活・衣食住の守護神

土・林業・建築の神

紀伊忌部の祖

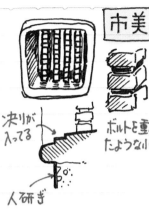

市美

ボルトを重ねたような小柱

決りが入ってる

人研ぎ

メインエントランスの階段周りの手すり、そこに穿たれた「穴」の意匠に目がいく。輝くような人研ぎ仕上げの壁面も味わい深いが、やはりこの「穴」だ。一見、名栗仕上げのような、あるいはナットを積み上げたような4本の小柱。枠にはかすかに決りが付く。威厳を持たせつつ、しかしモダニズムの軽やかさを手放したくなかったのか。連続したサイコロのようにも見える「ナット」の陰翳、そこに凝縮した重力を感じる。

エントランスの三段窓

馬蹄（隅巴瓦）

ココ

ここは引違い！

回転窓

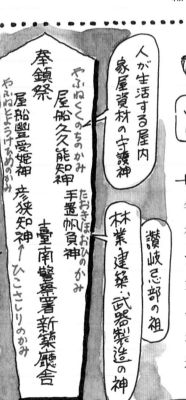

奉鎮祭

やふねくのちのかみ
屋船久久能知神

やふねとようけひめのかみ
屋船豊受姫神

彦狭知神
ひこさしりのかみ

臺南警察署新築廳舍

たおきほおひのかみ
手置帆負神

人が生活する屋内
家屋資材の守護神

林業建築・武器製造の神

讃岐忌部の祖

台南警察署（昭和6年）棟札

→そのほぼ真ん中、20年目の年にこの台南警察署を建てた。初期の瀟洒な病院設計から台北高等商業学校などの古典主義を経て、ここでモダニズムに舵を切った。彼は、そこから更に巨大なR壁が特徴的な専売局舎へ、そして最後の澎湖の表現主義の作品へと長い旅を続けてゆく。ここ台南警察署はそんな彼の「力を込めた登頂碑」にも見えてくる。

❷ 原台南測候所（1898）

これこそ、台南で最もユニークな形態の日式建築である。十八角形の煉瓦造の建物で、三重の殻のような「環牆（壁）」が同心円状に並ぶ。和瓦が載る奇妙な姿でありながら、西洋建築のボキャブラリーが充満した、そして調和のとれた傑作。更に、カーボンファイバーやエポキシ樹脂を駆使した補修技術の先駆的事例でもあるのだ。1998年、市定古蹟。2003年、国定古蹟に。

立面図

断面図

胡椒管♡

外環牆

中環牆
内環牆

h＝12m
φ≒15m

東側門庁
通信室
所長室
地震室
予報室
風力塔
走道
値班室
観測作業室
西側門庁

N

平面図

セグメンタルアーチ＊

踢脚：煉瓦片を貼り、モルタル目地.

十三溝面磚

エッジのとがったスクラッチタイル

上げ下げ窓とバラスト

軒下のレース飾り
（現在はなし）

鉄製

玄武岩腰帯
ルスティカ（割肌）仕上げ

近藤久次郎
（初代台北所長）

レース飾り
ついてたよ♡

台北測候所
（1897）

ピサのロトンダみたい！

台南そっくり

（1898）

澎湖島測候所

2011年10月、はじめて台南を訪れた時に、文学館や林百貨、台南警察署などの代表作品たちよりもはるかに強い印象を残した。この異形の銀行建築、それが 台湾土地銀行台南分行(旧日本勧業銀行 台南支店) **❼**、かつての末広町で、林百貨(1932年)に対面して建つ。1937(昭和12)年、勧銀建築課が設計、東京清水組が施工。出隅に入口を設ける。

雷と菊?

台北支店
(1933)
土銀展示館
が兄貴です

尖頭アーチ

大黒天【日】

陰陽【?】【中華】

胴張なき円柱

ドリス式列柱が並ぶ神殿風【ギリシア】

スタラクタイト付きのミフラーブみたい!【イスラーム】

軍国主義的と見なされていた時期を

1937年竣工

当初は幾何学的ペディメントあり

切

除

民國72年(1983)忠義路拡幅

西ファサード3m切除!

蘇南成市長の時に取り壊し計画がありましたが、結局西側のみ削りました

忠義路

南面そのまま

中正路

中正路

カルトゥーシュ

拡幅

当時私は小学生でした(歐金氏)

Ou Jin

切妻と
寄棟

ちょっと中折れ？

ユニークな
屋根

旅の途中で出逢う建築が、それまで知ることのなかった世界、興味を持たなかったテーマへの関心を拓いてくれることがある。2011年に台南で見た、山林事務所もそ

のひとつ。翌年、ここは台湾を代表する文学者の

葉石濤文学
紀念館(市定
古蹟)として
リニューアルされ
ている。

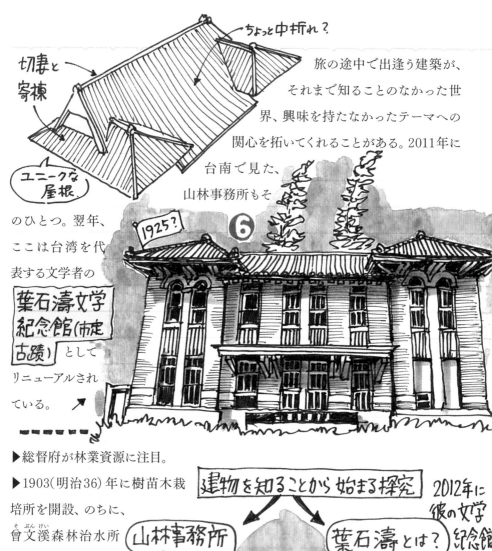

1925？

❻

▶総督府が林業資源に注目。

▶1903(明治36)年に樹苗木栽培所を開設、のちに、曾文溪森林治水所と合併して台南山林事務所に。▶曾文溪は阿里山を水源とする138kmの川で、当時世界最大のダムであった烏山頭水庫がある。

建物を知ることから始まる探究

山林事務所
とは？

葉石濤とは？

2012年に
彼の文学
紀念館
に。

絶滅危惧種

河口には
クロツラ
ヘラサギ
が
飛来する。

黒面琵鷺
Platalea
minor
毎年冬に台江
国家公園に

見れば見るほど不思議な外観である。「ゼブラ（辰野的）ではない赤煉瓦」は、実は台湾ではそう多くない。まるで、コンドル*の三菱1号館（1894年）に見られる19世紀の英国ヴィクトリアンスタイル*を真似たようでもあり、2層を貫く開口部には台湾風のバロックに向かう一歩手前の息吹も感じる。一方で持ち送りのディテールにはアールデコの萌芽も。設計者も正確な建築年も不詳。いつか謎がとける日が来るだろうか。

1925年生まれ（台南市）。地主の裕福な家系。1932年末広公学校に入学。日本語教育を受け、1936年台南州立二中（現・台南第一高級中学）入学。15歳で（！）『媽祖祭*』を発表。1945年召集されるが終戦。小学校教師になる。中国語へ転換して作品を作りつづける。白色テロの時代、1951年に逮捕投獄され、1954年釈放。当局監視下で暮らし、1965年『青春』を発表。「言語を跨ぐ世代」の代表的人格。

2019年12月の時点ですっぽりと仮囲いに包まれて改修工事中の

台鉄・台南車站。大きなシートに書かれたコンセプト

には「①車站保有原來樣貌②一樓：維持車站功能及鉄路

地下化後再另行規劃③二樓：餐廳及旅宿空間規劃」とある。

これは2代目駅舎で、1934年着工、36年竣工。設計者の宇敷（うしき）は「簡素を尊び」と書

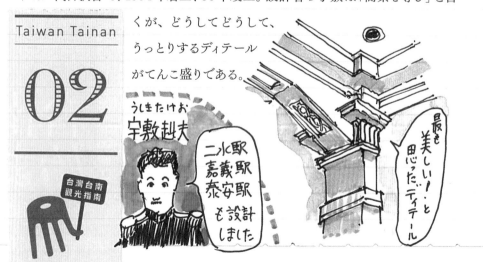

Taiwan Tainan

02

くが、どうしてどうして、うっとりするディテールがてんこ盛りである。

うしまたけお
宇敷赳夫

台灣台南観光指南

二水駅
嘉義駅
泰安駅
も設計
しました

最も美しい！と思ったディテール

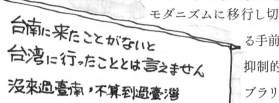

台南に来たことがないと
台湾に行ったこととは言えません
沒來過臺南，不算到過臺灣

モダニズムに移行し切る手前の、抑制的なボキャブラリーの開花をそこに見る。一部にサラセン趣味

台湾台南

をも感じさせる傑作。初代の台南駅舎を検索するとヒットするのが西来庵（せいらいあん）事件（1915）の写真である。台湾人の武力による抗日事件であり、余清芳（よせいほう）、羅俊（らしゅん）、江定（こうてい）らリーダーが連行されてゆくシーンに、まさに下屋改修中の駅舎が写っている。駅を描かなければ知らずにいたであろう日本統治期の、忘れて

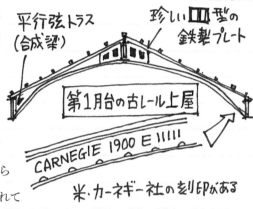

平行弦トラス（合成梁）

珍しい田型の鉄製プレート

第1月台の古レール上屋

CARNEGIE 1900 E |||||

米・カーネギー社の刻印がある

はならない歴史のひとつである。そんな歴史をも刻みながら、台南駅舎は熱い再生スポットになりつつある。

1900年 初代

1910年代 増改建

台南是一個適合人們作夢、幹活、戀愛、結婚、悠然過活的地方！

葉石濤

第1章　台湾最古の都の路地へ　〜台南〜

すてきな建物に出会ったからといって、いつもこんなことをする訳ではない。しかし
この台湾文学館（旧台南州庁）**5** だけは、ファサードをしっかりと
スケッチしてみたかった。4Bの鉛筆で何度も下描きを直し、石の目地まで入れてみ
て、はじめて私は建築と対話できた気がした。四方からすぼまった優しいマンサード

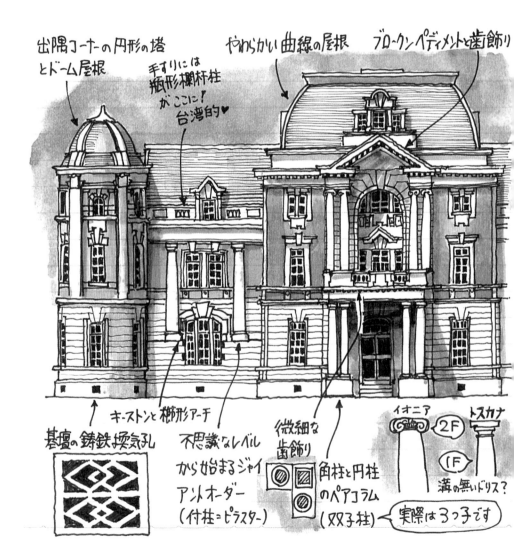

出隅コーナーの円形の塔
とドーム屋根

手すりには
瓶形欄杆柱
がここに！
台湾的♥

やわらかい 曲線の屋根　　ブロークンペディメントと歯飾り

キーストンと櫛形アーチ

微細な
歯飾り

基壇の鋳鉄換気孔

不思議なレベル
から始まるジャイ
アントオーダー
（付柱=ピラスター）

角柱と円柱
のペアコラム
（双子柱）← 実際は3つ子です

イオニア　　トスカナ

2F

1F

溝の無いドリス？

國立台湾文学館
National Museum of Taiwan Literature

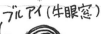
ブルアイ*（牛眼窓）

瓶形欄杆柱

1909年 廃県置庁、台南庁誕生
1913年 上棟
1916年 台南庁庁舎として竣工
1920年 廃庁置州により台南州に
　　　　以降 台南州庁庁舎として使用
1945年 台南空襲で被弾
1949年〜 中華民国空軍供応司令部
1969年〜1997年 台南市政府
1997年 文化資産保存研究中心
2002年 修復完了. 2003年〜文学館

王恵君・二村悟
『台湾都市物語』
より

屋根（折れていなくてもこう呼ぶ）のために、モニュメンタルで威厳を保ちながらもどこかソフトな印象を与えている。半円アーチ、櫛形アーチ、そして水平のまぐさ*、それぞれに過大なほどの要石（キーストーン）を載せてアクセントとする。古典引用のボキャブラリーは数多く、そのいずれもが濃く強い陰翳を備えていながら、絶妙な配置でひとつの大きな交響曲に仕上げている。これもひとつの「凍れる音楽*」といえるだろう。リノベーションは大胆に新旧をぶつけ合い、ダイナミックで開放的な展示空間を創りあげている。官庁を文学館に再生——文学を識ることは、複雑で苦難に満ちた台湾の歴史を知ることに他ならない。この場所で日本人として「安妮與阿嬤相遇—看見女孩的力量」を見たことも忘れることができない。

内部の階段を見て下さい！
手すりのカーブと、手すり親柱、
手すり子デザインを！

森山松之助

ここに柱がないんです。
宙に浮いているんです

原台南測候所（台南市中西區公園路21號／1898年）
煉瓦造で十八角形、中央望楼は3層からなる。展示施設として公開。

台湾土地銀行台南分行（台南市中西區中正路28號／1937年）
日本勧業銀行台南支店として、同行営繕部が設計。暗灰色で不気味な様相の異形デザイン。西側は戦後に削られており、左右対称が崩れている。

台南市美術館1館（台南市中西區南門路37號／1931年）
台南警察署として梅澤捨次郎の設計で建てられたRC造2階建ての官庁建築。装飾を極力排したモダニズム建築で、警察機能が移転した後に改装し、2019年に美術館としてオープン。なお2館は坂茂設計の新築である。

葉石濤文学紀念館（台南市中西區友愛街8-3號／1925年か）
旧台南山林事務所で、総督府が林業振興のために大正期に建てたとされる煉瓦造2階建ての官庁建築。日・中の2言語を経験した台湾を代表する文学者、葉石濤の記念館として再生された。

<ruby>鶯嶺食肆<rt>ジウリンシース</rt></ruby>（台南市中西區忠義路二段84巷18號／1923年）
神戸出身の料理人、天野久吉が1912年に開業した
高級料亭「鶯料理」の一部。煉瓦造高基礎の上に建
つ木造建築で、2018年から阿霞飯店がカフェとして
運営。

国立台湾文学館（台南市中西區中正路1號／1916年）
かつての台南州庁で煉瓦造、一部RC造。設計は森
山松之助。ブロークン・ペディメント、マンサード屋
根が特徴。1997年まで市政府が使用し、その後、文
学館に改装。

台南車站（台南市東區前鋒路210號／1936年）
設計は宇敷赳夫。古レールを使ったホーム上屋も貴
重。

台南文化創意産業園區（台南市東區北門路二段16號）
かつて総督府専売局台南出張所だった煉瓦造平屋
の建物。寄棟造りで両端に切妻の突出部を設ける。
文化・文芸活動のための拠点として再生。

霜花亭 Brunch 公園店（台南市中西區公園路113）
煉瓦造の日式建築をリノベーションしたイタリアンと
スイーツの店。亭仔脚もトラスも堪能しながらアイス
クリームに舌鼓を。

国立成功大学歴史系館（台南市東區大學路1號）
成功大学光復キャンパスは日本軍台湾歩兵第2連隊
の営舎だった場所。指揮所と兵舎を兼ねたこの建物
は、英国風の赤煉瓦とジャイアントオーダー*が三角
ペディメントを支える古典的なデザイン。

保安車站の駅舎と油庫（台南市仁徳區保安里文賢路
一段529巷10號／1909年）
1900年に鉄道が開通し停車場として開業。駅舎は
9年後に木造平屋で新築。以来現役で使われている。
ホーム側にある油庫は煉瓦造。ランタンの油など可
燃物を保管していた名残。

新化老街（台南市新化區中正路）
賑やかなファサードが並ぶまちなみが有名だが、通り
の両側では様式が異なる。「賑やかな西側」は1920
年代つまり大正期のバロック、一方「シンプルな東側」
は1937年の道路拡幅時の昭和のモダニズムの顔。

旧佳里郵便局（台南市佳里區中山路425號）
1930年代の逓信建築の遺構。T字型プランに切妻
屋根を架け外壁は洗い出しで仕上げ、優美な曲線を
アクセントに加える。表現主義の要素も感じる。

佳里の木造宿舎（台南市佳里區進學路）
北郊の佳里で見かけた未修復の木造平屋。煉瓦の
基礎に柱・梁の軸組、和小屋を架け、水平に貫を通
して竹小舞を搔く。土壁の残骸も見える。典型的な
日式住宅といえる。

台南市文資建材銀行（台南市佳里區六安130號）
佳里には日本時代の砂糖工場を国際的なアート拠
点に再生した蕭壠文化園區がある。そこに隣接する
煉瓦造の1棟が建材バンク（解体された歴史的建造
物の建材・部材の保管場所）となっている。台南の古
民家再生は、こうした制度やスタッフの熱意に支えら
れている。

第 2 章

南洋進出の夢と戦争の記憶

〜高雄〜

日本統治時代から台湾最大の貿易港となった高雄。造船、石油精製、鉄鋼機械製造、コンクリート工場など重工業地帯を擁し、南方進出のための近代港湾として急成長した。サトウキビ、パイナップル、バナナの生産に関わるインフラやまちなみにも、その賑わいが刻まれている。SNSで繋がった現地の古建築愛好家の青年たちとともに、高雄の街を私は訪ねた。そこには、駅舎も、工場も、住宅も、貴重な文化財として保存していこうとする多くの人びとがいた。

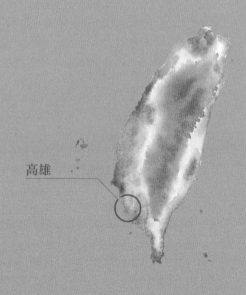

高雄

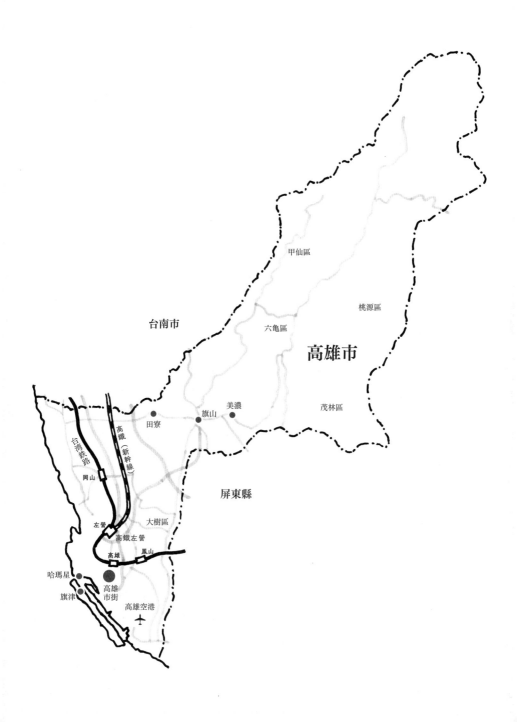

台南市

高雄市

甲仙區

桃源區

六亀區

旗山　美濃

田寮

茂林區

台湾鉄路

高鐵（新幹線）

岡山

屏東縣

大樹區

左營

高鐵左營

高雄

鳳山

哈瑪星

旗津

高雄市街

高雄空港

第18次 台湾行 2019.12

. 20 (金)　　　　　　　　　　　FUK ━━✈IT271━━→ KHH‥‥【高雄國星商旅】
 21 (土)　高雄‥‥‥‥‥(高雄駅・高中・三塊厝・前金)‥‥【　〃　】
 22 (日)　高雄 ━━━ 歸來 ━━→ 屏東 ━━━━→ 高雄【　〃　】
 23 (月)　高雄 (哈瑪星) 〜〜〜 (旗津) 〜〜〜　　高雄【　〃　】
 24 (火)　高雄 (鳳山) ‥‥‥‥‥(KHH) ━━━ 台南【ホテルタイナン】
 25 (水)　台南 (水交社) ‥‥ (中西區) ‥‥‥‥ 台南【　〃　】
 26 (木)　台南　安平 ‥‥‥‥‥高鉄站 ━━ 台北【億苑ホテル】Yi Yuan
 27 (金)　台北　(台大法律学院)【台大日本研究中心】台北【　〃　】
 28 (土)　台北　【青田七六】‥‥‥‥‥‥‥ 台北【　〃　】
 29 (日)　台北 (華山1914) ‥‥‥‥ TPE桃園 ‥‥ 台北【シーザーメトロH】
 30 (月)　台北 (華山1914) ‥‥‥‥‥‥‥‥ 台北【　〃　】
 31 (火)　台北 (赤峰街) ‥‥‥‥ (寧夏夜市) ‥ 台北【　〃　】
. 1 (水)　台北 ‥‥‥━→ 中壢 ‥‥━→ 台北【　〃　】
 2 (木)　台北 ‥‥(青畴茶館・青田七六) ‥‥ ━━ 桃園　【NOVOTEL】
 3 (金)　TPE ━━✈BR 106━━→ FUK

高雄鐵路地下化展示館
Kaohsiung Underground Railway &
Information Center　#高雄舊車站

Opening Hours － 10:00〜18:00 (Closed on Monday)

內惟　美術館　鼓山　三塊厝　高雄　民族　科工館　正義　鳳山

　1　よみがえる高雄駅

12月最後の授業を終え新尾道から博多へ。タイガーエアIT271便で19:54福岡空港発。**2139高雄空港着**。小さい空港はすべてがラクチン。MRT*で高雄駅駅前のホテル投宿。

高雄市同愛街81號の國星商旅にて07:30起床。持参してきたフォトブックを青田七六の水瓶子さんあてに宅配便で送り、年賀状（日本までハガキ10元）も投函する。▶11:20に地下化工事中の高雄駅を見る。80m曳き家して新たな複合駅の中心施設にするという、壮大な再生プロジェクト。

高雄鐵路
地下化展示館

何っ承霖氏

LINDAさん

高雄鉄路地下化
展示館の助理です

この駅と強固に
造ってくれた日本人に
お礼を言いたいわ！
奈良駅にも似てる
でしょう？

ちょっとデコっぽい

鴟尾

▼ポーチ庇持ち送り

（エジプト）
•埃及柱式

棕櫚葉

3代目
旧高雄車站
（1941/昭和16年）

円窓には8本の壮麗な鋲

閩式
琉璃瓦頂

1940年代〜帝冠様式

※奈良駅舎
に似ている

もろぶり

君知るや!?
隔棟にガルーダ(怪鳥)
がいることを！

テラコッタ*

高雄駅舎

アールデコの混ざった　勲章飾
(カルトゥーシュ)

展示館で、リンダさんと何承霖さんと話をする。SRC*造であり、非常に強固に造ってくれた日本人に感謝している、とも。80年前の青い図面と、未来のCG画の中心で輝く駅舎イメージは、まさに台湾の建築再生文化の最先端である。

初代*

初代高雄駅舎は南京下見板のアシンメトリーの木造でした

デコ的持ち送り

▶13:35 高雄高級中学

の赤煉瓦建築を見る。かつての州立高雄第一中学校、王大維君の母校とのこと。イギリス積みの赤煉瓦をあらわしにするが、華麗というよりも量塊性(マッシブ)に富み、サイコロのようなポーチと併せて、厳格な表情を見せる。壁の厚みが、縦長の上げ下げ窓に深い陰翳を与えている。ハッと目に留まるのは主屋根の軒裏を支える深緑の鋳鉄 ↗

[第一楼]　　(1922)
高雄高級中学(旧高雄中学校)

サン クヮイ ツォ（サンペイツー（台））

三塊厝駅

トラス架構（ころび母屋）
南京下見板（コーナー板金）

▶14:30地下化された三塊厝駅を見る。何と愛らしい駅舎だろう。鉄路だったところは、ガラーンとした直線道路と化し、傍では高層ビルが建設中。しかし広く枝を張る老樹とこの木造駅舎が、クサビのように過去の記憶をつなぎ留めている。

高雄・三塊厝驛（1908/明治41年）

「家が3軒あった」の意。
尾道の「三軒家町」と同じ！

その隣の鐵路倉庫とみのがすな！

素朴で、てらいもなく、まるで子猫が座っているように。

→破風が反ってる！

陳

▲破風のエンブレム

17:50日の落ちた高雄・中華四路周辺の日式建築を見て歩く。過田子・陳宅は古い街屋の中でも異色である。緩急の混在、あるいは西洋と中華の混淆というべきか。

❶パラペットのコーニスはcavetto（モールディング）

❷階中央ティンパヌム下*

↗製持ち送りだ。三本線とリングをあしらった抽象画のようなデザインで、スキップしながら音楽のメロディを奏でているかのようだ。ボリューミィな軀体に比して対照的なスマートさが共存する大正期の傑作のひとつだ。

Tsai
Hung-Chun氏
情報

王君は、この過田子・陳宅と、戦後建築の高雄・大舞台戯院（1947年）との類似性

反りのある
ペディメント
とエンブレム

ティンパヌムの
あるシンメトリ
の縦長窓

コーナーを
丸くした大味
の中華風走廊

蕭 佛助
（1900 - 1984）

▲大舞台戯院

を指摘する。それは2013年に解体された劇場で、澎湖出身の建築家・蕭佛助の設計によるもの。たしかに左の三点においてよく似ている。改めて眺めると、中央と端部の「密⇔粗」の偏在ぶりや、窓の組子の矢羽根模様など見飽きない。「古厝食堂」の看板が出ていることも嬉しい（次回は"食"にもチャレンジしたい）。

❷ 孫媽諒宅 は日治末期1937年のRC造住宅。一見すると現代建築かと思えるが、コーナーの八角形窓には時代が感じられる。孫媽諒は高雄市議をつとめた政治家だったらしい。うすい軒と庇がシャープに見える。

❸ 豊源冰淇淋廠 はネット上の「日式建築MAP」にポイントが記されているだけで何の情報もなかった。誰の書き

屋根もトタンに

中央の八角形の窓

込みかも分からず。
しかし煉瓦塀の門の
奥には、いかにもな木
造宿舎がある。

前金市営住宅
（2018年11月24日）

③豐源冰淇淋廠

全身、淡緑色のトタン

④靜二路の八角窓の街屋

高雄
中華四路
を歩く

今夜のまちあるきのラストは
この八角窓の街屋。いつか
素顔に　会いたい！

板金のうらにはオ
リジナルのフサドあるよ！

きっと
陳啟仁先生 が fb でコメント！

② 孫媽諒宅

① 過田子・陳宅

2019年12月21日／星期六

HITO ASHI
SAKI NI
"SKY-W
ALKER-
NO. YOAK
E" wo MIRU

高雄大遠百

三多四路

高雄
の建築
その1

鳳山・張簡婦産科（高雄市鳳山區中山路107巷）
高雄東郊の鳳山の路地に残る産婦人科医院の遺構。
胴張り（エンタシス）の強い円柱がバルコニーを支え
る。洋館の北側に桟瓦葺きの和館も付く。洗い出し
の腰壁や持ち送りも丁寧な加工。

旧三塊厝車站（高雄市三民區三徳西街90巷8號／
1908年）
台湾鉄路の三塊厝駅は地下化されたが、築百年の
木造駅舎はビルの谷間に保存されることになった。

鳳山警察宿舎（高雄市鳳山區開明街15巷11號）
パイナップルの産地として知られる鳳山は高雄から東
へ5kmほどの地。日本時代の建築が多く残る。木造
平屋、南京下見板に出窓が付くこのスタイルは典型
的だ。

黄埔新村（高雄市鳳山區）
日本軍の宿舎だったものが、戦後に中華民国軍に接
収されて眷村となった。最初期の眷村のひとつ。
2013年に市政府が文化資産に登録し修復・活用を
進めている。

岡山の旧日本軍宿舎（高雄市岡山區實米路）
戦争中に中国大陸への爆撃の拠点として整備された
海軍航空隊施設の一部。廃墟となった遺構の一部
は岡山醒村文化園區として整備、公開されている。

太原診所（高雄市岡山區民生街7號／1930年）
日本海軍の飛行場が置かれた岡山は連合軍の空襲
を受けた。3階建てのこの病院は攻撃の目印とされ
たが奇跡的に損傷を受けずに終戦。ゆるやかなアー
チ、道路側に膨らんだ外壁など優美な外観で、いま
なお現役という「生きた文化財」。

太吉西薬房（高雄市岡山區平和路79號）
岡山老街の白眉というべきバロック風の薬局。出隅
にカーブした正面を沿わせ、浅い庇に載せるように
大カルトゥーシュを戴く。

健安醫院（高雄市岡山區平和路52號／1910年）
教会を思わせる外観は、創建した高再祝医師の父
が宣教師だった影響か。洗い出しとスクラッチ、尖
頭アーチ[*]と上げ下げ窓の格子が特徴。

台湾のあさごはん

うまい

粥

肉鬆

高雄旗山区春吉別館317号室にて起床。ロビーでライターの高彩雯さんと合流。

2F 3Fだけが 木造か?

内部は 鉄骨トラス (現在図)
碾米廠南側の倉庫 ❷
戦後建築か

和風の桟瓦葺
鉄骨トラス (の小屋)
4本の バットレス

コメを運ぶ地下トンネルが保存されている

再生された ❶ 旗山碾米廠 (1941) を外から見る (土日のみオープン)。精米し保管、販売する施設で、2014年に修復された歴史建築。県政府が2004年に登録、今は展示系施設として活用している。L型の平面形状と、白 (赤煉瓦にモルタル?) と濃茶 (木造・南京下見板・寄棟) の混構造という、ユニークなもの (たしか1913年の北投温泉博物館もそうだ)。そのミックス具合と深い庇の陰翳、そして下見板のムラ (意図せずだろう) が、「きれいにし過ぎた」感をうすめてくれている。シンプルながらぬくもりもたたえた、遺構の親しみやすさに充ちている。残念ながら入れなかったが、内部のすばらしさも十分に想像できる!……と負けおしみを書いておこう。それにしても、通訳ガイドと共に歩く旅の便利さと得るものの大きさに驚く。高さんは、建物の情報をその場で検索し、住人にインタビューし、それをメモ帳に記して見せてくれるのだから。

おち送り

エンブレム

煉瓦基礎

③

南から尖塔を見たときに「教会か?」と思った
のが、旗山車站(1913-15) 糖鉄故事館。

塔は芯ズレして、ヒップ

ゲーブル主屋根に刺さるよう

駅前喫茶主人

な切妻、さらにモルタル洗い出しのドリス式列柱のポルチ
*
コ……と、エレベーションの変化をどこまでも楽しませてく

れる。ふりかえると、エンブレムの中心を軸として北に向

かって一本道が延びている。さぞ賑やかだったことだろう。

張 國揚氏(54)

私の知っている黒い色の駅とは様
変わりしちゃった。瓦も和瓦だっ
たのに……。地元の意見を聞か
ずに文化局が修復したことを不
満に思っている人もいる。ボロボ
ロで壊されそうだった十数年前
に、学校の先生が危機感を持っ

て奔走して訴えて回った。行政
も「直せない」と冷たかったし、
火事(放火?)もあった。でも市
民の運動が保存に結びついた。
それなのに、このスタイル!
納得していない住民も少なくな
い。客は増えたがね。

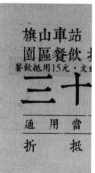

旗山車站
園區餐飲
餐飲抵用15元・支
三十
通用當
折抵

車站の横にある茶屋の張さんとの話が（高さんの通訳のおかげで）もりあがる。「站前の赤煉瓦騎楼の修復工事がやっと始まった」とか、「老街を見た方がいいよ、ちゃんと保存されているから」。このあと美濃に行くと言うと、「ならば車で

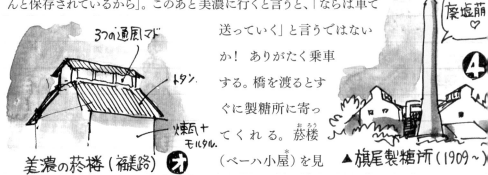

送っていく」と言うではないか！　ありがたく乗車する。橋を渡るとすぐに製糖所に寄ってくれる。菸楼（ベーハ小屋）を見

美濃の菸楼（褔美路）　**オ**

▲旗尾製糖所（1909～）

廃墟萌♡　**④**

3つの通風マド

トタン

煉瓦＋モルタル

つけるが、内部見学は不可。客家の集落。血族内の団結が固く、独自の文化を大切に守る人びとだという。田園の中、ハト小屋のある家多し。10：30美濃鎮で下車。財

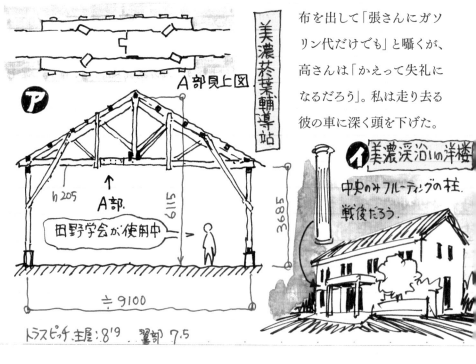

布を出して「張さんにガソリン代だけでも」と囁くが、高さんは「かえって失礼になるだろう」。私は走り去る彼の車に深く頭を下げた。

美濃菸葉輔導站

A部見上図　**ア**

h 205　↑　A部.

田野学会が使用中

5115

3085

≒9100

トラスピッチ 主屋：8'9　翼部 7.5

イ 美濃渓沿いの洋楼

中央のみフルーティングの柱。戦後だろう。

勲飾（メダリオン）
巻草
牛眼窓（ブルアイ）
西洋柱身（オーダー）

美濃警察分駐所 （1902創建ののち1928建て替え）

ウ

老樹がやさしく影をおとす芝生の地に建つ。台湾南部でよく見る、ライト*的水平線を加味した表現主義的モダニズムという雰囲気。双眼の円窓、メダリオン、カーブしたエントランスフレームなど粒ぞろいのデザイン要素に目がいくが、二水や銅鑼の駅舎とちがって、平らなスカイラインとせず、寄棟の桟瓦屋根をしっかりと見せているところがこの建物のユニークさであるように思う。大判のスクラッチタイルの腰壁、みごとなシンメトリの立面。優美さに充ちたこの建物が子ども図書館として第二の人生を

このあたり
鳩レース盛ん

海の上で放鳥し、
大金を賭けるら
しいぞ！

送っているというのもすばらしい選択というべきだろう。アルコーブ*風出窓のある両翼部が畳敷きの和室（宿舎）だったとは驚きだ。外観からはまるでそんな風には見えないのだから。昼食は美濃名物の妙香粄條（米麺）を屋台で食す。

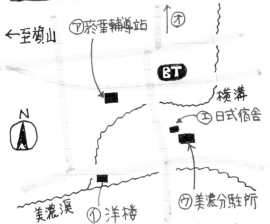

高雄市 美濃

←至旗山
⑦荖葉輔導站
BT
⑦
横溝
④日式宿舎
N
美濃渓
⑦洋楼
⑦美濃分駐所

▲ バナナエッグロール
の店になった

ニコイチの騎樓.
[BE THERE]

ZENSHIUKO

▲ 洪家（ZENSHIUKO）は.9軒のうち
代々継いでいる2軒のひとつ。

❺

大玉

小玉

▲ 旧林家とニコイチ。半円形ペディメント中
央に姓を大書する。今はチャーハン屋さんが入る。

12：15美濃をバス
で出発、12：35に
旗山鎮（きざん）に戻
る。改めて
中山路（ちゅうざんろ）のバ
ロック騎樓と対面する。こ
のストリートの白眉は、旧旗
山駅を起点とする都市の中
心軸としての位置付けだろ
う。ドリス式オーダーに支え
られた半円ペディメントから
まっすぐにのびる中山路の
秩序の上に、さまざまな商
店が自由に遊び、踊るよう
に各自ファサードを競って
いる。駅前の、ややくたびれ
た緑色の不整形の旅館と、
石拱（せききょう）（石造アーチ）のまちな
みは、製糖そしてバナナで栄
えたこの街のユニークさと賑
わいを伝える。多くの店はコ
ンバージョンして物販店にな
り、カラフルなパラソルととも
に道ゆく人びとを誘（いざな）っている。

旗山車站史（1913〜15）

1910：高砂製糖株式会社鉄道の営業スタート

1973：部分廃線（旗尾線）

1979：全線廃線

2005：高雄県歴史建築に登録

2009：修復工事完成

2016：糖鉄故事館としてオープン。
　　　高雄市政府文化局が管理

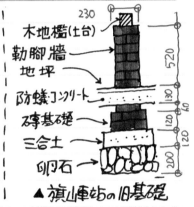

▲旗山車站の旧基礎

日式建築MAP上の「旗山街屋」とだけ書かれた場所には、レース生地のような繊細な意匠の騎楼。今もミシンが音を立てる現役の裁縫屋さんだ。中の女性2人によると「築80〜100年」、かつては女性が相手をするお茶屋さんだった。脚部は煉瓦アーチのようで、石拱（石造アーチ）とともにこれも旗山の魅力。

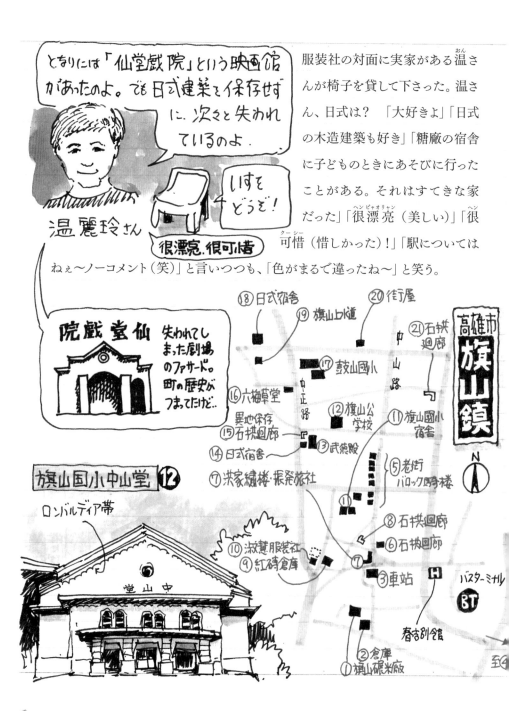

服装社の対面に実家がある温さんが椅子を貸して下さった。温さん、日式は？　「大好きよ」「日式の木造建築も好き」「糖廠の宿舎に子どものときにあそびに行ったことがある。それはすてきな家だった」「很漂亮（美しい）」「很可惜（惜しかった）！」「駅についてはねぇ〜ノーコメント（笑）」と言いつつも、「色がまるで違ったね〜」と笑う。

となりには「仙堂戯院」という映画館があったのよ。でも日式建築を保存せずに、次々と失われているのよ。

温麗玲さん

いすをどうぞ！

很漂亮、很可惜

院戯堂仙　失われてしまった劇場のファサード。町の歴史がつまってたけど..

旗山国小中山堂⑫

ロンバルディア帯

中山堂

⑱日式宿舎
⑲旗山上水道
⑳街屋
㉑石拱迴廊
⑰鼓山國小
⑯六梅草堂
異地保存
⑮石拱迴廊
⑫旗山公学校
⑬武徳殿
⑪旗山國小宿舎
⑭日式宿舎
⑦洪家繍楼・振發旅社
⑤老街バロック騎楼
⑧石拱迴廊
⑥石拱迴廊
⑩淑慧服装社
⑨紅磚倉庫
③車站
H
バスターミナル
BT
春古別館
②倉庫
①旗山碾米廠
至④

中正路
中山路

高雄市 旗山鎮
N

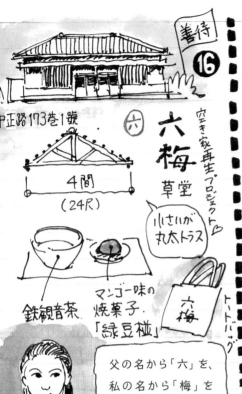

善待 ⑯

中正路173巷1號

（六）

空キ家再生プロジェクト♡

六梅草堂

4間
（24尺）

小さいが
丸太トラス

鉄観音茶

マンゴー味の
焼菓子.
「緑豆椪」

六梅
トートバッグ

陳春梅さん.

父の名から「六」を、私の名から「梅」をとって名付けたの。昔からお茶の仕事をしていて旗山に嫁いで、20年の間ボロボロの廃墟でしたが、気に入って風貌を失わぬよう半年かけて修復しました。我與老屋有個約定"善待"（私と老屋との間の約束はやさしくすることです）。オープンして4年たちます。ハガキを渡すので、日本から投函してほしいです。高雄市旗山區中正路173巷1號がここの住所です。

良い意味で予想が裏切られる行程。きっかけはささいな、あるいは偶然のものなのに、美濃も旗山も、一日ではまわり切れぬほどの日式建築の宝庫である。武徳殿も、その宿舎も、ゆっくり見るのは「次の機会」に。16：15街の北はずれの 原旗山上水道 1925年築、高雄県内で最古のもの。エンタシス*が強調されたドリス式オーダーと荒々しいドイツ壁が、まさに「凍れる音楽」のような緊張感をみせている。水圳施設と呼ぶ建造物である。

⑲

高雄
の建築
その2

高雄車站（高雄市三民區建國二路／1941年）
1900年の開通時の初代、2代目の駅舎は哈瑪星に近い海沿いにあった。市域拡大に伴って移転した3代目がこのSRC造・帝冠様式。再開発のために曳き家してホームを地下化し、再び施設の中心部に復帰した。

高雄高級中学（高雄市三民區建國三路50號／1922年）
旧州立高雄第一中学校。赤い煉瓦軀体をモルタル面と縦長窓で分節し、高等教育機関としての威厳を持たせる。亭仔脚を思わせる吹き放ちの廊下が南国らしさを添えている。

舊高雄警察署（高雄市鼓山區峰南里臨海二路18號／1917年）
台南庁打狗支庁庁舎として建てられた後、警察署に転用。寄棟屋根にはドーマー窓があったが空襲で損壊した。

紅十字會育幼中心（高雄市鼓山區登山街26號／1921年）
愛国婦人会の高雄支部として建設。赤い煉瓦と洗い出しモルタルで分節する。軒裏の持ち送りがアクセントになっている。

旧前金市営住宅群（高雄市新田路253巷／1933年）
人口急増に対応するために市有地に建設した長屋群。同じ「丁号住宅」であっても日本人用は一棟に四世帯が暮らす四戸一、台湾人用は十戸一という格差があった。

旗山国民小学中山堂（高雄市旗山區華中街44號／1935年）
蕃薯寮公学校の講堂として建てられた。のっぺりした立面に2連の半円アーチが3組並ぶ。けらば上端にはロンバルディア帯とよばれる装飾が付く。

旗山車站一糖鐵故事館（高雄市旗山區中山路1號／1915年）
バナナとサトウキビの産地として発展した旗山の鉄道駅舎として1978年まで使われていた。保存を求める市民の声もあり、2005年に歴史建築に登録。現在は資料館に。

旗山老街（高雄市旗山區中山路）
旧旗山駅から北に延びる中山路は老街として知られ、バロック風騎楼が密集する。屋号のアルファベットを刻んだカルトゥーシュがペディメントとして並ぶ様は圧巻である。

美濃文創中心（高雄市美濃區永安路212號／1933年）
美濃警察分駐所として建設。装飾性の高いRC造の
ためか、同年の警察施設建造費用で第2位だった。
階段状のペディメント、丸窓の多用、デフォルメされ
た円柱など、饒舌なるアールデコというべき和洋折衷
のユニークなデザイン。

洪家繡樓（高雄市旗山區中山路）
旧旗山駅前の古い街屋。亭仔脚を持つ煉瓦造2階
建て。振發旅社という名の駅前旅館として使われて
いたという。

六梅草堂（高雄市旗山區中正路173巷1號）
20年間空き家だった木造の日式住宅を、ゆったりと
お茶を愉しむ空間に再生。天井を無くしてトラス架
構をあらわしとする。

原旗山上水道（高雄市旗山區中正路191巷／1925年）
高雄周辺では最古の水道施設として大正末期に建
造。これは浄水池入口で、この背後に濾過池および
上水池が造られた。

原美濃警察官吏派出所（高雄市美濃區中正路一段）
美濃分駐所の背後に建つ派出所宿舎。分駐所と同時期に改修。シンメトリな長屋形式で寄棟造り、南京下見板を張る。2012年に修復を終えた。

黄氏洋樓（高雄市旗津區廟前路42巷）
ペディメントに大きなカルトゥーシュを飾る2階建ての洋館。頂部に止まっている鳥も含めて彫刻である。

美濃農村田野学會（高雄市美濃區中山路一段23號）
高雄郊外の美濃周辺はたばこ栽培が盛んで、ベーハ小屋や保管庫が現存する。このトラス架構の大型倉庫は、美濃農村田野学会という農業コミュニティ運動の団体が拠点として活用している。

高雄築港出張所平和町官舎群（高雄市旗津區大關路17-1號）
総督府交通局が築港事業のために設置した木造・煉瓦造の混構造住宅群。2016年に歴史建築に登録。修復が待たれる遺構。

旗津永安發（高雄市旗津區廟前路49號）
高雄港の前に南北に延びる旗津の島は軍事的要衝であり、また海産物の美食を味わう場でもあった。別名黄氏古宅と呼ばれる煉瓦造の廃墟を、地元の若者が再生し活用した。

宏南新村

▲ 管理棟　ポーチは後補？

高雄空港で王大維君がお出迎え。「渡邊さんに見せたい建物がたくさんあります」という彼、車の運転はお母様。40分ほどで宏南新村の管理棟へ。方形の屋根、背面は地中海のロッジアを思わせる開放的なアーケード。半円アーチが連続し大粒の洗い出しの床が印象的だ。荒々しい石積みもユニーク。途中、青いニコイチ長屋に出会う。美しい。

煉瓦のアーチ×2

セメント瓦

P99に平面図

外寸φ100
陶製パイプ

雨淋板

このミ角形で幅広の基礎の煉瓦に合わせる

筋交い

1680

480　1510

台所排水？

440　220

外寸φ180

間柱

このレンガアーチと袖壁は、台所と浴室にひとつずつ付属している。パイプは煙突だったのではないか？

南京下見板（雨淋板）の最下端の下地

宏南新村について

高雄は第二次大戦中は大工業地帯。特に石油精製がさかん。宏南(こうなん)はそのための住宅街として幹部用宿舎が大量につくられた。今、それが解体されようとして、市民らの反対運動が起きている。

18:00すっかり暗くなった高雄、MRTで隣の「楠(なん)梓加工區(しかこうく)」

P99に平面図

出窓の支柱　レンガ　駅の南側碁盤の目のようにニコイチ長屋が整然と並ぶ一角。

駅に移動。途中からは王大維君のお姉さんも合流して

後勁宏毅の石油工場宿舎 を見学する。いまだに文化財指定等されていない。

青い雨淋板(うりんばん)とともに煉瓦の腰部が強いコントラストと波のようなリズム感を演出している。軀体の両端にとびだした煉瓦アーチは煙突台座。意外なことに和小屋！　床下換気口はわざわざせりもち(台形)煉瓦で水平アーチ！

土台

基礎はイギリス積み

宏南新村の高級幹部用(?)宿舎

パルメット

上図はニコイチ長屋ではなくて一戸建てであり、幹部用ではないか？　内部は見事に和室である。寄棟屋根が優しい印象。

ガラリはセメント？プレキャスト。こまかな花柄スカシ模様。

煉瓦造でフランス瓦だが、今日同行してくれた葉家丞(ジャツォン)君の職場は聚珍(ジョーゼン)台湾本屋。日本統治時代の古写真の色付けもやっている。

老屋顔 ふたたび！

19：40王大維君の母上の車で宏毅から高雄市内に戻り、哈瑪星（ハ マ セン）駅近くにある 検弐庫 ↗

余建宏氏.　　楊朝景.　　辛永勝.　　Andleo Rouens氏.

後勁宏毅の住宅群は 石油化学工場の公害（これは台湾の環境政策のターニングポイントとなった）の歴史から、周辺住民とは微妙な関係性を持っているという。それが一筋縄に「保存しよう！」の声につながらない理由のひとつ、とも。月あかりの下で、ほとんど改変されずに残った

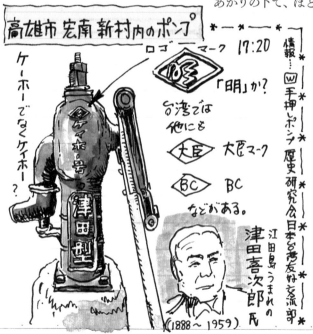

高雄市 宏南新村内のポンプ

ケーホーでなくケイホー？

ロゴマーク 17：20

「明」か？

台湾では他にも

大臣 大臣マーク

BC BC

などがある。

情報…Ｗ手押しポンプ歴史研究会 日本&台友好交流部 ＊

江田島うまれの 津田喜次郎氏 (1888〜1959)

ニコイチ長屋群を見る。いくつかは中に入れる。王君の親戚の古老に話を聞く。この宿舎群は、プランに大きな突起を持たず、したがって屋根もシンプルな寄棟となる。台所が北側出隅になること自体は珍しくないが、そのコーナーが矩（かね）の手で窓となっていて壁が無いというのがユニーク。 ↗

で老屋顔のふたりに再会する。「尾道まちなかフェス台湾編」でのトークイベント出演の御礼を述べ、4人と夕食。桟貳庫は打ち捨てられていた港湾倉庫を、大胆にかつ美しく再生したリノベーション物件。荒々しい煉瓦の上のモルタルや、補強鉄板もそのままに、明るいコンクリート土間の上に、飲食、展示、雑貨販売などの施設がならぶ。彼らとの会話はもっぱら、翌日（11月24日）に控えて

KW4
棧貳庫

船の舵のモニュメ外！みはらし寺を思い出す。

なるほど、2面が採光窓となり明るく清潔なキッチンが実現したはずだ。そしてそこのみ煉瓦造の高基礎。いくつかの家には庭を掘った 防空壕 が残る。戦争の記憶である。

宏毅

18:50

煉瓦の入口からRC造ドームにつながっている。

いた市長選と公民投票の話題に。各人しっかりと確立した意見を持ち、それを表現する。会話で出た内容は、次頁のごとし。

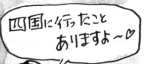

四国に行ったことありますよ〜♡

宏毅に同行してくれたAndleoの姉上。

▶明日の17：00頃に結果が出る。路上でヒートアップする市民がいるだろう。▶今回はさまざまなイシューがあり、特にLGBTに関するテーマが重要だ。民法の婚姻を「男女ペア」に限定するか賛否を問う。同性婚に反対する保守派は莫大な経費をかけて「同性愛者はsickな存在だ」とCMを流した。その額は9億NTDにのぼるという試算も。▶この「2018年11月公民投票」の結果は、自動的に法制化するのではなく、「政権はそれを尊重する」という扱い。でも大きな分岐点になるのは間違いない。▶性的少数者問題について、宗教界は大きな影響を与えている。仏教界は「両論」といえるが、キリスト教会（界）はおおむね保守的だ。ただ「カトリックが保守的」「プロテスタントはリベラル」と単純にとらえるのは正しくない。▶ぼくはカトリックだが、LGBTを尊重するのに賛成だ。なぜなら、「神は全ての人を愛する」から。差別や、権利が奪われてよい人の存在を、神は認めるはずがないからね。ちなみに台湾長老教会は、1979年の美麗島事件(びれいとう)のときに民主派の人士を匿い、守った伝統がある。
▶建築好き、日式住宅ファンの多くも、今回の投票に強い関心をもっている。レトロ建築ファンを「藍（国民党）」「緑（民進党）」で単純に色分けできないが、日式建築の保存については「緑＝リベラル」に親和性が高いのではないか？　実際に、FBの「友人たち」も、次々とアイコンを変えているのを君も知っているだろう。虹色の肖像

にね。▶同時に行われる高雄市長選は特に重要。陳(ちん)其邁（民）(きまい)と韓国瑜（国）(かんこくゆ)の対決で、韓を支持する動きを「韓流」ともじって新聞などでは報じている。▶ぼくはいま、SNSでも口頭でも、「2.28や美麗島事件を忘れたのか？　フェイクニュースにだまされるな！」と呼びかけている。日本人の君には明日の投票と結果をしっかりと見届けてほしい。どんな結果が出ようとも、君は台湾の歴史の瞬間に立ち会うのだから。

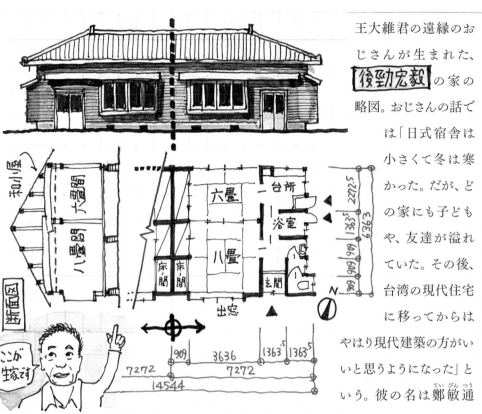

王大維君の遠縁のおじさんが生まれた、後勁宏毅の家の略図。おじさんの話では「日式宿舎は小さくて冬は寒かった。だが、どの家にも子どもや、友達が溢れていた。その後、台湾の現代住宅に移ってからはやはり現代建築の方がいいと思うようになった」という。彼の名は鄭敏通（てい びん つう）

和小屋

六畳間

八畳間

図面断

六畳

八畳

台所

浴室

床ノ間　床ノ間

玄関

出窓

N

ここが生家です

2272.5　1363.5　909　909　909　1363.5　6363

909　3636　1363.5　1363.5
7272　7272
14544

（71）。両親が日本語を話していたので、彼も少し日本語を話せるわけなのである。

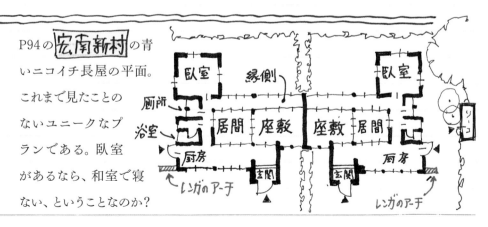

P94の宏南新村の青いニコイチ長屋の平面。これまで見たことのないユニークなプランである。臥室があるなら、和室で寝ない、ということなのか?

臥室　縁側　臥室

厠所

浴室　居間　座敷　座敷　居間　厨房

厨房

レンガのアーチ　玄関　玄関　レンガのアーチ

シーコ

高雄
の建築
その3

宏南新村（高雄市楠梓區宏南新村／1944年）
戦争末期の幹部用宿舎。日本人と台湾人の住宅には歴然とした格差があった。戦後は中油（石油化学企業）宏南宏毅宿舎として使用。木造平屋・切妻造りで南京下見板張り。台所と浴室の脇には煙突のための煉瓦アーチがある。

宏南新村管理棟（高雄市楠梓區宏南新村／1944年）
日本が南洋進出を睨んで建設した第6海軍燃料廠の宿舎群が高雄市街の北側に残る。これはその管理棟。切妻の両翼を長く伸ばした平屋で、中央に方形屋根の玄関を持つ。

宏南新村の井戸ポンプ
台湾各地に日本製の手押しポンプが現存する。これは津田喜次郎が開発した昇進式ポンプのひとつ。

海軍燃料廠宿舎群（高雄市楠梓區宏毅二路北3巷）工場の北側にはニコイチ長屋の宿舎群が密集していた。比較的状態が良好なもののひとつ。両端に玄関があり寄棟で南面して建つ。

棧貳庫（高雄市鼓山區麗興里／1914年）
当時の新濱町の岸壁に建てた砂糖保管用の煉瓦造平屋倉庫。2003年に歴史建築に登録、飲食・物販や歴史展示などの多目的スペースとして再生。

武徳殿（高雄市鼓山區登山街36號／1924年）
武道の鍛練と意識高揚のための施設。煉瓦造に寄棟の屋根を鉄骨トラスで架ける。平入りで唐破風の玄関を南側に突き出す。

旧三和銀行高雄支店（高雄市鼓山區臨海三路7號）
元は1921年開設の三十四銀行高雄支店だったが、建物自体はそれ以前からあったといわれる。煉瓦造の軀体の上に煉瓦タイルで仕上げる。水平パラペットに規則的な線条を入れる。

国際商場（高雄市鹽埕區五福四路254號／1936年）
かつて銀座通りと呼ばれた五福四路と七賢三路の交差点に建つ騎楼型の商店雑居ビル。「高雄銀座」と呼ばれていたが空襲で損壊。戦後は国際商場と改名。

第 **3** 章

西海岸をゆく
～桃園・苗栗・台中・彰化・雲林・嘉義～

　台湾の都市は西部に集中している。東海岸と異なり平野が多く、縦
貫鉄道が早くに開通したこともあり、人口の大半もこのエリアに集
中する。現在の新幹線（高鉄）に沿って南下していくと、それぞれ
の街に特色ある老街が魅力的な姿をあらわす。自らのアイデンティ
ティを見つめながら、かけがえのない歴史の一部として日式建築を
保存しようとする台湾人に会うことが、いつしか私の旅の目的となっ
ていった。

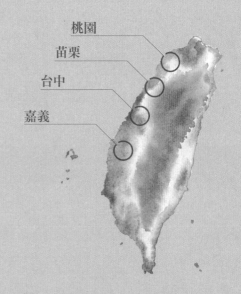

桃園

苗栗

台中

嘉義

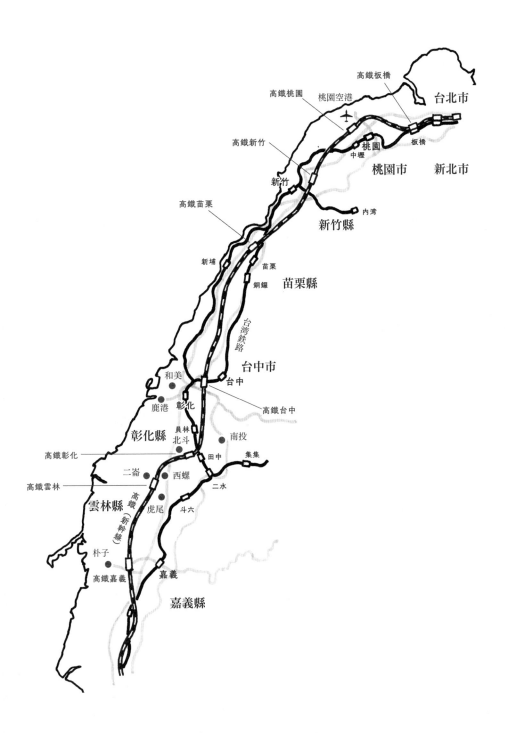

高鐵板橋
台北市
高鐵桃園　桃園空港
高鐵新竹
桃園
中壢　　板橋
桃園市　　新北市
新竹
高鐵苗栗
新竹縣
內灣
新埔
苗栗
銅鑼　苗栗縣
台灣鉄路
台中市
和美
台中
鹿港　彰化
高鐵台中
員林　南投
北斗
彰化縣
高鐵彰化
田中　集集
二崙　　西螺
高鐵雲林
二水
雲林縣
高鐵（新幹線）
虎尾　斗六
朴子
嘉義
高鐵嘉義
嘉義縣

今日、蔡さんから電話があって台中に来るって知ったんです。事前に言ってよ、もう〜！

苗栗県の豊富駅に着いた。その時、電話が！

東海大学の蘇先生からだった。東京大学で学び、台中に戻って保存再生を実践されている第一人者。急遽、案内して下さることになった。台鉄で南下中、銅鑼駅の手前で青い洋館をみつけ、文字通り電車を飛び降りる。奇しくもここは映画『冬冬の夏休み*』の舞台の町であった！　冬冬たちの声がきこえる気がした。

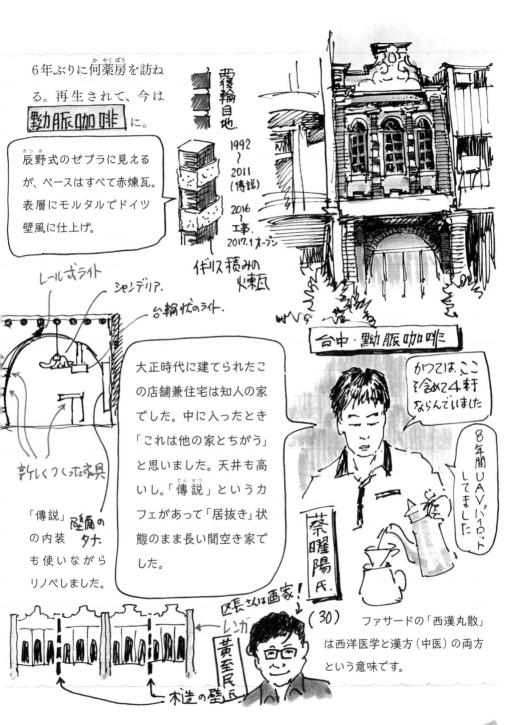

6年ぶりに何薬房(かやくぼう)を訪ねる。再生されて、今は 黥脈咖啡 に。

辰(たつ)野式のゼブラに見えるが、ベースはすべて赤煉瓦。表層にモルタルでドイツ壁風に仕上げ。

覆輪目地.

1992
～
2011
(傳説)

2016
～工事
2017.1 オープン

イギリス積みの火煉瓦

レールズライト

シャンデリア.

台輪状のライト.

新しくつくった家具

「傳説」の内装も使いながらリノベしました。

壁角のタナ

大正時代に建てられたこの店舗兼住宅は知人の家でした。中に入ったとき「これは他の家とちがう」と思いました。天井も高いし。「傳説」(てんせつ)というカフェがあって「居抜き」状態のまま長い間空き家でした。

台中・黥脈咖啡

かつては、ここを含めて4軒ならんでいました

8年間UAV パイロットしてました

蔡曜陽氏

区長さんは画家！

黃至民氏

(30)

ファサードの「西漢丸散」は西洋医学と漢方(中医)の両方という意味です。

レンガ

木造の壁

台中市成功路253號
1100AM〜0200AM

14:50大雨の台中駅前で蘇先生の車に拾われる。「渡邉さんに見せたいところがある」と連れて来て下さったのが

台中・繼光工務所（けいこう）。

1955（民国44）年[*]の戦後建築、煉瓦とRCの混構造で、屋根は木製トラスだったが穴があき、ボロボロだった。「繼光（けいこう）」は街路の名前。接道条件や権利関係など、複雑な理由でポッカリとこの廃屋が残ってしまった。そこをなんとかしたいと市民が集まり、まずは調査して本屋とギャラリーのワークショップ（2013〜15年）をした。そして2016年から、蘇先生のマッチングのおかげで頼（らい）さんたちが再生に取り組んだ。屋根は大家さんが直してくれた。建築師（日本における建築士）である頼さんに図面や施工写真を見せていただく。

勦脈咖啡

地下に埋めた。

永らく破屋（廃屋）だったこの工場をシェアオフィスとして再生しました

繼光工務所　賴人碩氏

磨石子（人研ぎ）を再現しました。
①モルタル削って ②WAXぬって
③火で焼いたんです
④最後に水でみがきます
150 20

いつもパパといっしょよ！

Pinocchio

1955年 建造

- 2Fは住居(磨石子の 主人室や 八帖間など)
- 1Fは カーテン工場だった.

2013〜15年, ワークショップ(本とギャラリー)
2016年 頼さんたちが再生

- 2Fは 共同の建築設計事務所.
  （シェアオフィス）
- 1Fは キッチン付きの コミュニティスペース
  (料理会を 子ども フェスタを. 授業も)
  できるヨ♡
  床は 輝ける 人研ぎ(磨石子)仕上げ!

中村好文さんも 見に来たよ〜!

16:05いよいよ蘇先生の空き家再生の拠点・中區再生基地。

出隅のビルのワンフロア全部を借り、ホームレス支援や都市の物語をネットラジオで発信したり、誠実書店にサブリース中。2012年に台中市の補助があってここをオープン。

中區再生基地
DOWNTOWN RECREATIVE FOUNDATION

台中は台湾の中でも空き家問題は最も深刻. かつての賑いとスプロール化の結果です. でも. 若い人の店も生まれ. 劇的に変わっています

蘇睿弼先生

1961年の銀行

尾道ともつながります!

いろんなマップつくってます

空き家
職人のいるところ
大墩報
空屋 舊城迷走 記
中区漫遊総動員

お店の執

以後事業化した。空き家再生の最前線でもある。▶ひとりになって夕方、台中市内を歩き、再び
勔脈に顔を出し、新盛橋ホテルに投宿。

苗栗・台中
の建築

陳慶悌古厝（苗栗縣後龍鎮）
日本留学後に村長・県会議長を歴任した陳宅の自宅。
バロック風の流麗な装飾と階段状の壁が特徴。
2018年に所有者が解体を強行し、問題となった。

重光診所（苗栗縣銅鑼郷銅鑼村武聖街10號）
映画の舞台となった木造2階建て診療所建築。南京
下見板や引違いの出窓などの特徴から「日式建築」
と紹介されることもあるが、1949年の竣工。

銅鑼車站（苗栗縣銅鑼郷銅鑼村大同路13號／1936年）
大正期の木造駅舎と異なり、この時期はRC造モダ
ニズム駅が増える。宇敷赳夫設計。

後龍國小教師宿舎 (苗栗縣後龍鎮)
日本統治時代、台湾各地の学校敷地内外にこうした
木造教員宿舎が建てられた。腐朽が進んでいても行
政が文化財に指定・登録するものは多い。これも県
定歴史建築。

台中市役所 (台中市西區民權路97號／1911年)
古典主義的意匠にドームを備えた謹厳な外観。国民
党の支部、台中市政府庁舎などを経て2016年に「台
中市役所文創園區」としてリニューアル。

台中驛鐵道文化園區 (台中市中區台湾大道一段1号／1917年)
赤白ゼブラ模様の2代目の台中駅舎で、「辰野式*」の
流れを汲んだ寄棟大屋根の建築。2016年、3代目駅
舎供用後も取り壊されずに保存。

宮原眼科 (台中市中區中山路20號／1927年)
日本人眼科医・宮原武熊が建てた2階建ての医院を
パイナップルケーキの老舗、日出グループが2012年
に大胆に再生。売場やカフェ、サロンや展示室も。

台中州廳 (台中市西區民權路99號／1913年)
森山松之助設計のバロック風官庁建築の代表作。増
築を重ね、1934年に現在の規模に。イオニア式列柱
のロッジアとブロークン・ペディメントのファサードが
特徴。2019年に国定古蹟に。

台中刑務所典獄官舎 (台中市西區自由路一段87號／
1915年)
日本統治時代の刑務所長のための木造一戸建て宿
舎。寄棟瓦葺きに南京下見板という和洋折衷。刑務
所浴場や官舎群とともに修復された。

ドリス式オーダーの不思議な寄棟

入母屋の平屋住宅。通気孔は「王」？ 永和街19

彰化 田中

台鉄

元映画館？

東路里辨公處

佳楽咖啡音楽館

騎楼の脚オーナメントだけ！

ケケ小喬の家

頭集路二段

N

中州路一段

田中車站

A

B

糖鉄田中站

現田頭水文史館

206号の華麗なる四姉妹

ちょっと辰野式っぽいゼブラ模様。ペディメントはみな違う。

啓明照相

老街中、最美のルネサンス風三連アーチの洋楼。煉瓦コーニス、ドイツ壁も良。

写真屋さん？

中州路一段249号の騎楼

イギリス積み煉瓦の「素顔系」だが、角をもつ魚とカメレオンあり。「昌」のエンブレムの葉には勢いと流麗さがあり、鳩も美しい。

エンブレムは歯！

よくみるとモダニズム！

益生歯科診療所

A 182号のストイック騎楼

パラペットの十字透かしが唯一の装飾。

To Cafe

B

彰化縣員林鎮 の雅廸飯店（アルディホテル）にて06：30起床。昨夜は王聰霖（おうそうりん）さん一家、林瀛洲（りんえいしゅう）さんに最大限のおもてなしを受けた夕べであった。日が暮れる前の17：30に田中駅（でんちゅう）前で私を拾ってくれたのは、王氏のご両親、弟さん、そして林さんの4人。そのまま員林（いんりん）まで運んで下さり、同じホテルに投宿、近くの日本料理店「八渡（やわたり）」でご馳走になる。見事な天ぷら、刺身、イクラを食し、台湾語の「パドゥドゥ（満腹）」という言葉を知る。07：05、台北を未明に出発した王聰霖氏が到着。今回の彰化行（しょうか）は2017年に彼から届いたSNSメッセージがきっかけだった。「豊里村移民指導員家屋（とよさと）が北斗（ほくと）にあり、それが朽ち果てようとしている。伯父（林さん）が育った家であり、あなたに見てほしい」と。もちろん面識はない。▶早朝の員林まちめぐりを終えて、8時半からホテルで朝食。チェックアウトし、09：50北斗鎮に到着する。周辺に残る日式建築を先に案内していただく。ノーチェックだった小さな町だが、郡主官舎をはじめとする木造宿舎群や、当時珍しかった三

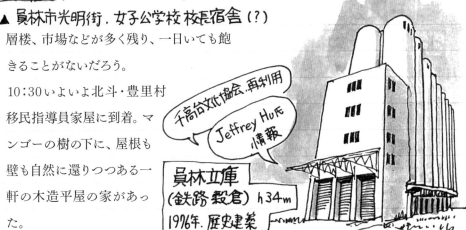

棟瓦にドーマー!?

▲ 員林市光明街. 女子公学校 校長宿舎(?)

層楼、市場などが多く残り、一日いても飽きることがないだろう。

10：30いよいよ北斗・豊里村移民指導員家屋に到着。マンゴーの樹の下に、屋根も壁も自然に還りつつある一軒の木造平屋の家があった。

千台文化協会.再利用
Jeffrey Hufe
情報

員林立庫
(鉄路穀倉) h34m
1976年. 歴史建築

小さなヒップゲーラル

員林
警察
故事館

2011年オープン
土地低く、か
つては田んぼ

ニコイチの判任官宿舎。床が低く感じる。

軒裏にトラス(?)尻。

シンメトリ。列柱の
デザインも透逸！

セミの合唱があたり一面にこだまする。敷地に
入ってすぐ右手のマンゴーは
「南洋種」で、林さんの父親が
引き揚げ後すぐに植えたもの。
一方左奥のマンゴーは、美味しい栽培
種であるという。そして龍眼の樹。そ
んな植物たちに覆われて、唯一の移民
指導員の家は残っていた。

北斗 中正路210 洋楼

1935

側柱の
柱頭。

北斗 紅磚市場

ちょっと
アールデコ

北斗

「肉丹」白だんごが特産品
教員や警官を多く輩出した

北斗 陳氏洋楼

媽祖廟の対面
いちばんの賑い。
「三層楼」と呼ばれた。

林さんは15歳で引き揚げてから、40歳くらいまでの少年、青年期をこの家で過ごしたのである。林さんの父親は

ベークライト工場の社長であり、林さんら家族を連れて日本へ渡った。彼が小学生の頃は、今の東京都中野区江原に住んでいたという。中学校は目白の学習院近くの川村学園。「武蔵小山の府立八中を受験したんだが、不合格でね。まあ、落ちこぼれだったんだ」と流暢な日本語で話す。戦況が悪化してからは、一家で山梨県増穂村に疎開する。

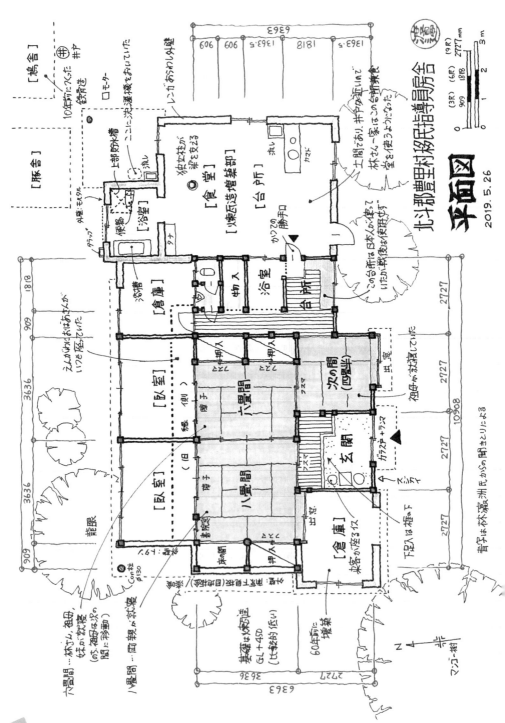

平面図

北斗郡田村楊氏主館員居全

2019. 5. 26

[鳩舎]

[豚舎]

10年前に建てた
鉄骨造
ロモーター
鶏育舎

⊕ 井戸

ここに浄運槽をおいていた

しっくいがおおわれた外壁

6363

909 | 909 | 1363.5 | 1818 | 1363.5

(3尺)(6尺)(9尺)2727mm
909 186
0 1 2 3m

ここに浄運槽をおいていた

流し

上部貯水槽

外壁…モルタル

グラブ

便槽

[浴室]

汚水槽

[倉庫]

流し

守広柱が
梁を支える

[食堂]

[煉瓦造増築部]

[台所]

流し

水道

土間であり、井戸が近いこと
からこの家はこの台所兼食
堂を使うようになった

浴室

物入

台所

かつての勝手口

この台所は日本人が使って
いたが平は使用です

[倉庫]

[臥室]

えんがわのお
はおさんが
1172座っていた

押入

押入

八畳間

次の間
(四畳半)

[臥室]

障子

縁(旧)

障子

書院

八畳間

祖母やお父が使用していた

玄関

ガラス戸+ランマ

ベニヤ

下足入は框の下

[倉庫]

来客が座る17

北

N

マンゴー樹

六畳間…林ツム、祖母、
妹が就寝
(今、祖母は別の間に移動)

八畳間…両親が就寝

基礎は煉瓦造
GL+450
(比較的低い)

60年前に増築

青写は林凜洲氏からの聞きとりによる

6363

2727 | 3636

林 瀛洲氏 (90)
ぼくは 日本が 好きです。日本の人との つきあいが 好きです。日本語が できるおかげで 良い仕事に つながりました。

養蚕の篤農家の秋山さんという人の家に身を寄せた。ここではまだ食糧もあり、ネギ、卵、ヤギの肉を譲られることもあった。桑畑は麦畑に転換、木の根を抜いて耕作した。畑仕事のあいまにひなたぼっこをしていると雲雀（ひばり）が卵を産んでいるのが見えた。お弁当はジャガイモ。台湾の親族から1貫目の砂糖が小包で届き、日本で重宝したことも。東京大空襲の跡はひどかった。蒲田（かまた）の知り合いを訪ねたら焼け野原。焦げた電柱が忘れられない。

▶帰国した一家は、日本人が引き揚げて空き家となったこの指導員家屋を紹介され入居する。1946年のことだった。「ほっと胸をなでおろしたよ」と林さんは言う。「内地では日本式の生活に慣れていたから、畳のある日式住宅を見て安心した。条件は悪くなかった。そして、ずっと（東京でも、山梨でも）だれかの家に間借りしていた生活だったから、その意味でも幸運だった。台湾の暑さ？　それは大丈夫ですよ、生まれた土地だからね。北斗から彰化の中学校へ、さらに彰化の高校へ進んだ。卒業後、台北の省立行政専門学校の土地（地政）科で学んだのです」。▶林瀛洲氏は軍事教練を受けて予備軍官（少尉）に列せられた後、彰化県庁に入庁、49歳で辞

カバー鉄板
雨淋板の目地（継目）
180
@909
55mm
7mm

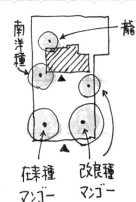

南洋種　龍眼　在来種マンゴー　改良種マンゴー

東方三神山
　瀛洲…台湾
　蓬莱…日本
　方丈…沖縄

するまで25年間、地政行政官として勤め上げた。その後は得意の日本語を武器にして、日本人向けの旅行会社のガイドをする。▶戦後の日式住宅に暮らしながら、いつも縁側に座っていた祖母。昔の人が多くそうだったように彼女もアヘンを喫っていた。そういう老人たちは台北の所容センターに入院させられて、アヘンの量を減らすプログラムを受けた。しかし、その中で老人たちはバタバタと死んでいった。祖母は、そこから生還した数少ないサバイバーのひとりであった。▶1967年、林さんは再び日本の地を踏んだ。彰化県職員の研修のためだった。団体行動を終えた後、グループから別れて、彼は迷わず山梨に向かい、増穂の秋山さんを訪ねた。彼は手もみして握手、そしてこう言った。「林さん、太ったね！」と。「それはちがう、私はその息子ですよ！」。▶この日式宿舎は、建設されてから終戦までの間、日本人が暮らしたのはわずか14年間、一方、林さんファミリーは70年間だ。1995年にお母さんが亡くなり、その翌年に林さんたちもこの家を出た。以来ずっと空き家状態で

林さんの祖父が里長だったので、郡守官舎を造る時に土地を寄附。そこに建てられた。

北斗　郡守官舎群のひとつ

外壁はほぼトタンに覆われていて特に美しいというわけではないのに、そのシンメトリーのたたずまいには何がなし惹かれるとのがあるニコイチ

ある。その後、彰化県文化局は二次審査で「歴史古蹟」に認定する方針を決め、第三次の結論を待っている。それが認められた後に中央政府の文化部が予算を組ん

でくれたら修復が現実的になる。ただし、その場合でも、公費による工事費の補助率は90%で、10%は自己負担になるが、「もちろん払う。それを負担するのは名誉なことだ」と林さんは言う。しかし、現時点では審査を待つだけの状態、所有者でありながら手を出すことができず、朽ちていくのを見守るしかないのだ、と。▶末の妹である林友蘭（ゆうらん）さんも、この家を愛するひとりだ。「名残惜しい、なつかしい家です。ここで生まれたのですから。よく日が当たり、冬は暖かかった。マンゴーが実るとみんなで食べた。夏休みには実がたくさんなり枝がしなるくらいだった。鎌に竹の柄を結んで高い枝から切る。黄色くなっていればそのままで、まだ青い実ならばカゴに入れて麻袋をかぶせて軒下に置いておく。すると2～3日で美味しくなるのです」。マンゴーの思い出とともに、この家は建っているのだ。▶ほとんどの部屋の屋根は崩落し、柱も床も壁もひどく傷んだ状態だが、私は方眼紙を出して間取りを採った。煉瓦造の大壁の間仕切り以外は、やはり日本の伝統的な尺寸モジュール、つまり909mm（3尺）の倍数で家は造られていた。玄関と四畳半・六畳間・八畳間に東側の水回りを含めた部分が、きっとオリジナルの形と規模だったのだろう。北側には半間（約90cm）幅の縁側があったはずだ。平面図ができたら、続いて林さん兄妹に各室での暮らし方を聴き取りする。「誰が、どこに座っていたか」、そんな情景をお二人は、記憶をたぐり寄せながら話してくださった。

袋
竹の棒
マンゴー採り器
麻袋
カゴ

花盒子飲食生活（FLOWER BOX）にて、皆さんと昼食。ここでも
ご馳走になる。それだけでなく、昨夜の林さんに続いて、王培營

吉祥如意

2way電源の
ファン

三槍

コットンの
肌着

未竟的
殖民

張素玢著
『未竟的殖民
日本在臺移民村』

王さん、林さんより
贈呈いただく

好食
花生酥糖

ピーナッツ菓子
もいただきました！

さんか
らも「お
子さん
に」と赤い封筒のお餞別
をいただいてしまう。台
湾の御祝儀の袋、紅包
袋だ。「こういうときには、
お札は奇数枚を入れる
ものなんだよ」。14：20田
中駅にて皆さんとお別れ。
14：53特急自強号乗車、

宿舎群は3つの
時代が混在、
これは戦後のもの。
だから高床では
ないのだ！

15：28嘉義に到着　KINGホテルにチェックインして荷を下ろす。東京で陳正哲先
生から話を聞いた舊監獄に行くが閉所していたので、南側に残っている宿舎群へ。

40號の多肉植物ハウスLUMA & SUCCULENTの
蘇柏文氏は、温室を増築したクール
なオフィス
の中にいた。
静かで美
しい再生空
間になって
いる。

老木
抵嘉
Lāu-bú-it-chia
木屋藝遊・好時光・

Chiayi

臺灣鐵路局
2019.05.26
全票
123次
自強
T.C.LTD EXP

田中
TIANZHONG
▼
斗六　前段無座
DOULIU
▼
嘉義
CHIAYI

14：53開
DEPARTURE
無座
NO SEAT

11車46號
CAR.11 SEAT.46

15：28到
ARRIVAL

NT$124

1960

太平里雅新路134巷
宿舍群40號

万年塀
嘉義舊監獄

非專業建築者的簡易修繕。
透過自力營造與搭配土木工班
拆除損壞嚴重的區域.並更
新無法使用的部分.利用原
住戶增建的磚構.增搭溫
室設施.以符合工作室的機能
需求。【實境體驗木都開箱】

　第二司法新村の官舎群は、台湾の他のどの再生事例にも似ていない。とてもユニークで教訓に充ちた空間となっていた。サンコイチ、ヨンコイチが整然と並ぶ長屋は、まず、どれも「特別」な装いをしていない。セメント瓦の切妻で、玄関の突出すらない。南京下見板はところどころはがれ落ちていて「地味」。でも陳正哲先生の言う「できるところから小さく直す」というヒューマンスケールな創造性が、ここには満ちていた。「以修代租」つまり「家賃不要だが自力で直す」ルールの再生、今後が楽しみだ。

この工事も
やりました！

書店は
20年です

顔妙芬さん

ここは
有名
なのよ

甚爐いしないで！
これは前政權
の時に作ったよ

洪雅文化協會

ステッカー

日月天新政府

2回目
です

曽志楨氏

童年往事の
ロケ地よ

洪雅書房 ホンヤー
シューファン
余國信氏(44)

▲せいもく屋の屋根スケッチ

嘉義市 Hi-Hotel 1009号室にて06:20起床。広くて快適な、特にデスクと照明がすばらしい客室で朝シャワーを浴びる。08:20、SNSで連絡を取っていた黄崇哲（こうそうてつ）氏とおつれあいの蕭秀霜（しょうしゅうそ）さんが宿まで出迎えに。8:50朴子（ぼくし）に到着、リニューアルオープン直前の

朴子・清木屋の再生の瞬間 を噛みしめる。30年前（1988年）に祖父が他界。その2年前にこの病院は閉院して、約30年間空き家であった。「でもこの建物が好きでした。祖父母たちを思い出せる、メモリーが詰まった場所でしたから」と黄氏。改修費用は自腹だった。妻は理解し、協力してくれた。数日後のオープンに向けて、彼女はカフェの食器をチェックしている。清木屋（せいもくや）以外にも朴子の医療文化を物語る日式建築は多い。それらを残すグループをつくり、公的支援も受けつつある。清木屋は改修され状態がすこぶる良い。スクラッチタイルの柱、洗

油化学の環境化学エンジニアです

蕭秀霜さん

黄崇哲氏（Jerry氏）
ホワン ソン ツオ

蘇明修教授が調査やワークショップで尽力しています

老屋自修、故事自説
ふるいたてものを みずから
なおし、わがやのものがた
りは じぶんで かたる
【黄さんのメモ】

朴子 清木屋 咖啡 軽食 醫療文物
せい もく や （原清木外科診所）

黄崇哲 Jerry Huang
0935-060683
蕭秀霜 Sunny Shiao
0918-883501

16. 6. 27

嘉義縣朴子市市東路40號
hkjerryy@gmail.com

黄清木医師
（1918-1988）

嘉義県朴子市にある清木外科は祖父黄清木氏が残してくれました日診療所であり、和洋折衷の二階建ての建物。一階正面アーケード部分はタイル張りと鉄筋コンクリート柱造り、その他の部分と二階全て檜で造られ、日本統治時代の1930年（昭和5年）に当時の日本人医師松浦保により建てられました。最初は朴子公立病院として利用され、その後衛生所（保健所に相当）に変わり、黄清木医師は初代衛生所主任として勤務しました。戦後の1956年祖父はこの建物を購入し、清木外科を開業しました。当初祖母黄呉彩雲氏は薬剤師として、祖父の診療業務を手伝ってくれました。その後、朴子中学校の初代校長を勤め、県議員、国民大会代表（国会議員に相当）、婦女会主席を歴任し、教育界、政治界で幅広く活躍していました。当時の祖父祖母を偲び、残した功績を賞賛すべき、また早期の朴子から築いてきた医療文化を後世に伝え継ぎたく、2015年11月から孫の黄家哲と奥さん蕭秀霜が自力で老朽化した建物を修復し、祖父の名前にちなんだ『清木屋』を開きます。コーヒー、軽食、手作りアイデア商品を販売する他、朴子の医療文化を展示し、当時の清木外科の華やかさを再現します。これをきっかけに、歴史的な建造物の保存と活用を喚起し、先人の良き伝統を受け継ぎ、守り続けて欲しいと考えます。清木屋でコーヒーを飲みながら、医療文化を語り合い、地域に根ざした伝統保存の交流の場として目指したいと思います。

い出しの腰壁にはモールディング。玄関内部、人造研ぎ出し（磨石子）と真鍮目地の床。入口右手の腰壁カウンター受付をカフェカウンターに改造。1階内部は間仕切・衝立により区画されている。天井が高く、のびやかだ。開店準備の一番あわただしい日に「嘉義に来るなら寄ってほしい」と連絡下さった黄さん。「当事者の決意」を実践している。カチャカチャとカップが鳴る音すら心地よい。▶黄氏は4代目で、今は4代目の子も。日治時代、市内には41もの医療施設があった。朴子はそれだけ重要な街だったのだ。ここの棟札は小屋裏から取り外さず、レプリカを作って展示している徹底ぶり。「棟札は小屋裏にあり続けるものだと思うからです」。深く同意する。

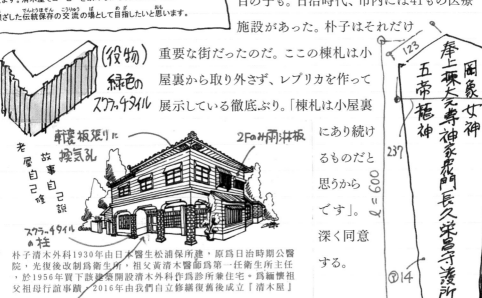

（役物）
緑色のスクラッチタイル

軒裏板張りに
換気孔

老屋自己修
故事自己説

2Fのみ雨淋板

スクラッチタイルの柱

朴子清木外科1930年由日本醫生松浦保所建，原爲日治時期公醫院，光復後改制爲衛生所，祖父黄清木醫師爲第一任衛生所主任，於1956年買下該建築開設清木外科作爲診所兼住宅。爲緬懷祖父祖母行誼事蹟／2016年由我們自立修繕復舊後成立『清木屋』

玄関建具まわり旧状よく残す

123
237
ℓ=600
⑦14
203

奉上棟大元尊神家来門長久栄昌守護所
岡象女神
五帝龍神

彰化・嘉義
の建築

原彰化警察署（彰化縣彰化市民生路234號／1936年）
Rを多用したモダニズム系の「出隅の建築」は1930年代以降に多く建てられた。当時と同一用途で使われている貴重な作品。

豐里村移民指導員宿舎（彰化縣北斗鎮）
日本から来た農業移民たちを指導するリーダーのための住宅で、一般の移民のそれよりも規模が大きく豪華であった。木造平屋。台湾全土で現存するのはここのみという。

彰化扇形庫（彰化縣彰化市彰美路一段1號／1922年）
植民地経営のために日本は早くから西海岸沿いに鉄道（縦貫線）を敷設し、関連する施設を建設した。ターンテーブルを持つ車庫は全島で唯一。なお、その南側にはかつての鉄道職員の宿舎群が残る。木造平屋の長屋の多くが廃屋の状態にある。

警察故事館（彰化縣員林市三民街14號）
日本統治時代、員林郡役所と町役場の職員住宅として建てられた「ニコイチ長屋」のひとつ。木造平屋・寄棟造りで開放的な縁側を持つ。2011年に警察故事館としてリニューアルされた

嘉義舊監獄と宿舎群（嘉義市東區維新路140號／1921年）
元刑務所で、修復工事を経て2011年に獄政博物館
としてオープン。南側に隣接するのは刑務所職員の
官舎だった木造平屋群で、2015年からの空き家再生
事業によりアトリエやスタジオに再生されている。

北門車站（嘉義市東區林森里共和路428號／1910年築、
1998年復元）
かつての阿里山森林鉄道の起点駅。木造平屋寄棟
造り桟瓦葺き、南京下見板の落ち着いた外観。

嘉義市立美術館（嘉義市西區廣寧街101號／1936年）
台湾総督府専売局嘉義支局として梅澤捨次郎が設
計。1930年代建築界がアールデコに移行する時期
の貴重な遺構を美術館にリノベーション。

清木屋（嘉義縣朴子市市東路40號）
日本統治時代の病院を、元所有者の子孫が私財を投
じて再生したリノベーション建築。展示施設及びカフェ
として運営。騎楼形式で南京下見板の外壁が特徴。

嘉義文化創意産業園區（嘉義市西區中山路616號）
かつての酒造工場の広大な敷地を文化施設として再
生。酒造工程の展示も。

日新醫院（嘉義縣朴子市向榮路27號／1936年）
朴子には日本時代に多くの医院建築が建てられた。
現存するそれらを保存し「医療遺産」として継承す
る運動が市民によって進められている。このモダンな
病院もそのひとつ。

桃園駅にて07:01発の自強号103次に乗車。

`07:09 中壢着`。40分だけのまちあるきでザクザクと出る名建築たち。

今日氣象

今日太平洋高壓影響，台灣各地及澎湖、金門大多為晴到多雲的天氣，白天氣溫偏高，僅台灣東南部地區、恆春半島及馬祖有零星短暫陣雨；午後各地有短暫雷陣雨，並有局部較大雨勢發生的機率。

北部地區 26℃～36℃
中部地區 25℃～35℃
嘉南地區 25℃～35℃
高屏地區 26℃～35℃

台北市 26℃～36℃
陽明山 22℃～28℃
花東地區 26℃～33℃
墾丁地區 26℃～34℃

民曆紀事

農曆5月22日(己卯)
宜：作灶
忌：嫁娶、安葬(勿探病)

③ 警察局B式住宅群

→お定まりのL型出窓。

アシンメトリで軽やか。

（Yi Sheng Wang氏）

中壢国小宿舎 ──⑥

家商前日式古宅

中平路故事
1930年築の公務員宿舎
[2010 歴史建物]
閉館前で入れなかったがCafé併設。

中山路
延平路
中平路
元化路
中正路

吳鴻森故居 ④

③
②
⑤

中壢 駅

この邸宅、1921年築の旧中壢医院だったというのもうなずける。ボリューミィなエンタシス円柱以外は、まるで学ラン青年のようなカチッとした行儀の良さ。

④ 吳鴻森故宅

2016.06.26　臺灣鐵路局
自　強 T.C.Ltd Exp　103 次
桃　園 Taoyuan　→中　壢 Chongli
07:01 開　　　　07:09 到
6 車 22 號　Car. 6 Seat. 22

中壢站証明用

NT＄23元
147626-0263-514　限當日當次車有效　06:56

でも深い庇（ひさし）がどことなく親しみやすさも加えている。7:50タクシーに乗り高鉄桃園駅をめざす。新幹線で08:21桃園発→9:28雲林着、黒岩夫婦と合流、駅でレンタカーをゲット。結局、この先全行程を黒岩直己（なおき）氏の運転に甘えることに。彼は248の国と地域を踏破した男で、2009年にモンテネグロで出会ったご縁だ。▶まずは雲林県西螺（うんりん・シールオ）で、廃墟となった 西螺戲院 （1940年代）へ入る。

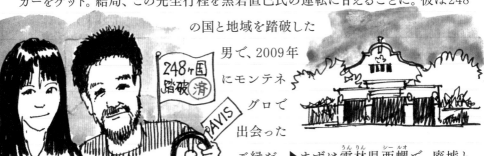

Linさん　　黒岩直己氏

アールヌーボーを思わせる半円形のペディメントと優美な妻壁。その手前に4本の角柱で支持されたアーケードが立つ。が、今や隣家はすでに無く、その役目はとうに終えているのだが。1980年代に閉館となってから30年余、放置されて屋根も落ちた。しかしそれが2001年10月に「雲林県歴史建築」として登録されたのだ。巨大なスパン（13〜14m）のクイーンポストトラス。3本つなぎの陸梁（ろくばり）はすでに何本かは折れていて、浸入した雨は合板製の折畳み椅子をバラバラに分解しつつある。座席数500人の人いきれが凝結したままの劇場、黒岩氏らも大きくため息をつくのみで、感想を言い合うことができずにいる。住宅よりも、学校よりも、工場よりも、まがまがしい程の「美」を感じるのは何故だろう。生活や仕事の場と違い、笑いや感動、あるいは政治的主張と

單程票
2016/06/26　　車次/Train 813
桃園 Taoyuan ➡ 雲林 Yunlin
08:21　　　　　　09:28
商務廂　　　　　乗客/PSGR 1
車廂/car 6　　　座位/seat 13A
NT$1095 現金　成人
04-2-10-0-178-0094
07113006　　　　2016/06/26發行

いった、ヒトにしか許されない営為を、いつまでも漂わせているからだろうか。WEBを見ると「影像歴史博物館」として再利用する計画もあるという。保存するには屋根だけでも、空調だけでも、什器・設備だけでも大変な費用がかかるだろう。それでもこれを「残す」

クイーンポストトラスなので▲の仕口で継いで良い.

という決断を下した台湾の人びと。どこぞの「美しい国」を尻目に、東アジアの歴史文化最先進地の座を不動のものにしようとしている台湾の先見に脱帽する。

西螺・延平老街 を3人で歩く。バロック騎楼というよりは「初期現代建築」

蝶のような非対称
起拱点がちがう

螺情懐舊齒味(3階だて)金城鐘楼

と言いたくなるシンプルかつ大胆（自由）なデザインが並ぶ。冷たい米花を求めて 良星堂薬局 に入ると、日本語の堪能な高齢の男性に声をかけられる。それが、程光輝先生との出逢いだった。この店は1924年に日本帰りの程日良氏が創業した店。光輝氏はその甥にあたるのだった。今は息子の士晉氏が継いでいる。

星薬科大を創立した星一先生の息子さんが星新一氏です。あのSF作家、ご存知でしょう？

私は5年で終戦の後は学校に行かず、おじさん(眼先生)の店で「こぞう」として働いたんですよ

程光輝 先生 (S8生)
(終戦時5年生) (1933)

程士晉氏
(薬剤師)

半円形の庇の上にペディメント

ベランダというよりロッジアである

臺灣鐵路局
2016.06.26
區間車
斗　六
↓
嘉　義
40元
238626-0624-468
限當日有效 16:38

屋根は落ち生い繁る巨樹

▲ 雲林縣西螺 高家洋樓（廢墟の煉瓦造）

程氏は遠い場所からたぐりよせるように、流暢な日本語を話して下さる。醤油製造

良星堂藥房由程日良先生於大正
13年(1924)創立於西螺正平老街
程日良先生遠赴日本東星藥玉大学
就學成績優秀開業後秉持親切第一
枝訓服務卿里造福人群

HOTEL HI

垂楊店 Chuiyang

www.hotel-hi.com.tw

60043 嘉義市西區垂楊路 860 號
No.860, Chuiyang Rd., West Dist., Chiayi City
60043, Taiwan(R.O.C)
tel: 886-5-2279588 fax: 886-5-2365151
訂房專線：886-5-2843232

E-mail:hotel.hi.2852121@gmail.com

で財を成し、独創的なファサードの街屋をつくった西螺の人びと。その中にいて、日本とのつながりを今も誇りとして暮らす古老。伯父が残した「親切第一」のモットーを守り続けてきたから、この店も続いてきたのだ、と彼は言う。「また西螺に遊びに来なさい。待ってるから」と彼は私たちの手を握った。

西螺では大谷俊一というアーティストが活動している、と土晉氏がアトリエを見せてくれた。ほど近い高家洋楼は半円形の帽子のツバのような庇がとびだしたポーチとロッジアをもつ廃墟。繁茂する植物に羽交い締めされるように、なかば一体化するように、それは建っていた。榕樹（ようじゅ）は気根をのばし、煉瓦軀体と木製ドア枠の間を裂

11:17 西螺街長宿舎

き、雨と湿気は、ロッジアのスラブを底面から浸し鉄筋をあらわにしていた。

西螺を離れ 12:00 二崙派出所（1926） へ。県指定古蹟。故事館として再利用されている。その後ろの木造宿舎も気になる。

更に、その対面の黄色の出隅の建築

招治阿嬤的 故事書與話

二崙郷 農會倉庫

紙ばい風に説明するスタッフも。

も同じ 1926年の竣工。内

部はスーパーマーケットとして利用されている。大きな半円

アーチの窓と出の浅いパラペットと装飾。「倉庫だからサラッと行くぜ、でも何もないのもさびしいな……」と悩んだ末か？　マッシブなボディとのアンバランスが面白い。12:30 二崙出発。12:50ついに 虎尾に到着。1930年築の貯水塔は県定古

2005年 古蹟指定
2006年 雲林科技大学. 調査
2008年 進行整修
2013年 完成修復
2014年 二崙故事屋スタート

蹟。大日本製糖工場の水需要に加え、1920年代末期に流行した疫病への対処のために建造。機能性に加え、円周のバルコニーの持ち送りと八脚の柱頭（ちゅうとう）に強い美意識を感じる。▶15:25 虎尾

①

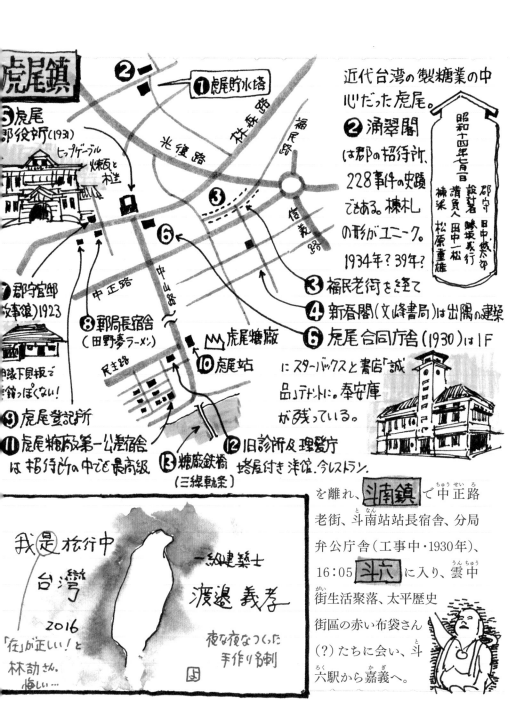

虎尾鎮

❶ 虎尾貯水塔

❷ 林森路

福民路

光復路

❺ 虎尾
郡役所(1931)
ヒップゲーブルと
煉瓦と木造

❸

信義路

近代台湾の製糖業の中
心だった虎尾。

❷ 涌翠閣
は郡の招待所、
228事件の史蹟
でもある。棟札
の形がユニーク。
1934年? 39年?

昭和十四年七月二日
郡守 日中愛太郎
設計者 鱗坂嘉行
請負人 田中一松
棟梁 松原重雄

❼ 郡守官邸
(文資館)1923

外壁下見板で
箱ぽくない!

中正路

中山路

❽ 郵局長宿舎
（田野夢ラーメン）

民主路

🔺🔺 虎尾糖廠

❻

❾ 虎尾登記所

❿ 虎尾站

❸ 福民老街を経て

❹ 新春閣(文峰書局)は出隅の建築

❻ 虎尾合同庁舎(1930)は1F

にスターバックスと書店「誠
品」テナントに。奉安庫
が残っている。

⓫ 虎尾糖廠第一公差宿舎
は 招待所の中でも最高級

⓭ 糖廠鉄橋
（三線軌条）

⓬ 旧診所&理髪庁
塔屋付き洋館。今レストラン。

我是 松行中
台湾
2016
「在」が正しい!と
林劼さん、
悔しい…

一級建築士
渡邉 義孝

夜な夜なつくった
手作り名刺

を離れ、斗南鎮で中正路
老街、斗南站站長宿舎、分局
弁公庁舎(工事中・1930年)、
16:05 斗六 に入り、雲中
街生活聚落、太平歴史
街区の赤い布袋さん
(?)たちに会い、斗
六駅から嘉義へ。

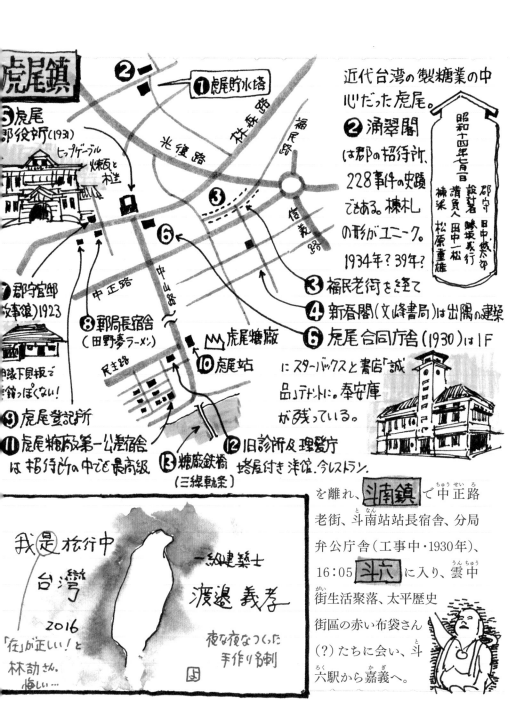

虎尾水道 貯水塔（雲林縣虎尾鎮新興路114號／1930年）
まちなかの公園に屹立するRC造の八角給水塔。当時は、合同庁舎の望楼・製糖工場煙突とともに「虎尾三高」（3つの高層建造物）と呼ばれた。

西螺大戲院（雲林縣西螺鎮觀音街2號／1940年代）
廃墟となった日本統治時代の劇場・映画館。客席数500。妻壁を大きく立ち上げたペディメントはアールヌーボーを思わせる。県政府が文化財として保存する予定。

虎尾合同廳舎（雲林縣虎尾鎮林森路一段491號／1930年）
望楼を備えた消防署と警察署の庁舎、集会施設などとして建設。奉安庫などもそのままに、スターバックスが入居している。

虎尾鐵橋（雲林縣虎尾鎮虎尾糖廠鐵橋／1931年）
虎尾製糖所のサトウキビ輸送のための鉄道橋として
架橋された鉄骨トラス橋。後に旅客用にも供される。
縣定古蹟。

雲林布袋戲館（雲林縣虎尾鎮林森路一段498號／
1922年築、1931年増築）
かつての虎尾郡役所。赤煉瓦の軀体と瀟洒なヒップ
ゲーブル屋根、四角いポーチの洋風官庁建築。民俗
芸能「布袋戯<ruby>ポテヒ</ruby>」（人形劇）の資料館として再生。

斗六太平老街（雲林縣斗六市太平路／1920年代以降）
雲林の物流拠点でもあった斗六の中心部、太平路に
面して並ぶ騎楼群。亭仔脚の上に3連の縦長窓が並
び、個性的なペディメントが見どころとなっている。

雲中街生活聚落（雲林縣斗六市雲林路一段75巷7號）
かつての斗六警察局宿舎群を保存。木造平屋のニコ
イチ長屋がカフェなどに再生。

象徴の地。14:00 邱榮舉先生（台湾大学）、劉碧蓉先生（輔仁大学）がホテルに迎えに来て下さり、邱先生の車で中壢に向けて出発。「私たち客家の歴史を知る上でも中壢はぜひ見てほしい」と。

念願だった TAIPEI 101の花火で新年を迎えた朝、龍山寺界隈を散策する。歴史的パワースポットにして猥雑さの

台灣百年歷史地図
（中央研究院）.

インターネットで時代
ごとの地図を見られ
ますよ～♡（黃先生）

2020元旦
中壢3+1 with 邱教授

中壢故事館で
生まれ育ちました。
この家の歴史は,
王ファミリーの物語です

丹下事務所
とも仕事しました

王一洲氏　朱志桓氏
（太子建設）

15:05 壢（れき）
景町到着、
通訳の黃さ
ん（交通大
学）も合流、
11月にオープ
ンしたばかりの
宿舎群を
見学する。

壢景町學習單
Q2.…讓室内充滿淡淡的草香,
　　榻榻米是用什麼草編成的呢?
　　A.雜草　B.藺草　C.荸草　D.香草

Q3.…床之間, 有一根特別粗的立柱,
　　彰顯主人的品味, 請問又叫什麼
　　　　　　　　　　　　柱呢?
　　A.圓柱　B.小柱　C.床柱　D.門柱

ハイ！先生！

好吃！

ブォ チァオ チャン
佛跳牆
旧正月のスープ
・海鮮（アワビ）
・豚足

客家のリース

桔子醬（艶）

レストランや、邱先生が関わった民
主化運動紀念館に再生された。

- - - - - - - - - -

【邱先生】私自身、小さいころから日
式建築の家で育ったから、こういう
木造住宅に懐かしさを感じる。
【朱志桓氏】祖父が新竹（しんちく）の公学校長
で、日式宿舎に育った。床が高いの
で暑さを遮り、風通しが良いとこ
ろが好き。縁側に腰かけて、足
元を通りぬける風を感じる瞬間
が好きです。

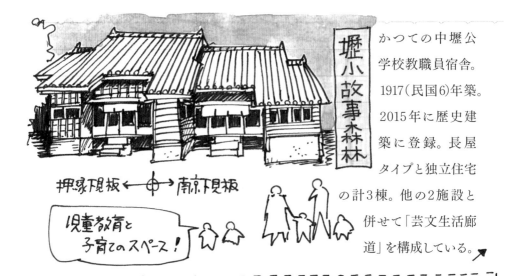

堰小故事森林

押塚下見板 ←⊕→ 南京下見板

児童教育と
子育てのスペース！

かつての中壢公学校教職員宿舎。1917（民国6）年築。2015年に歴史建築に登録。長屋タイプと独立住宅の計3棟。他の2施設と併せて「芸文生活廊道」を構成している。

1977年11月の 中壢事件 のこと。それまでは、中壢に住む閩南人（びんなん）と客家人の2つのエスニックグループで「県長」と「議長」のポストを分け合うのがルールになっていた。しかし、この年の県長選では欧氏（おう）（国民党）と許氏（きょ）（野党）という対立の構図が生まれ、開票不正をきっかけに民衆と官憲が武力衝突。この事件の2年後の高雄美麗島事件（たかおびれいとう）へも影響を与え、1986年戒厳令下の民進党結成へとつながる台湾民主化運動の 礎 （いしずえ）ともなった。1950年に父親が弾圧された邱先生は、その後一貫してこの研究を生涯のテーマとしたのだ。「当時の写真をできるだけ集めてパネルにしました」と先生が説明して下さる。→

典型的な
ニコイチ長屋、
外壁は南京下見板

廖家

王家

中平路
故事館

とっぷりと日が暮れた17:50、邱先生の車は最後の目的地である新街國民小学へ。蔣介石の像が今も残る。校庭を抜けた敷地の裏側に、その美しい宿舎はあった。灯りに浮かびあがる茶色の南京下見板。2002年、新校舎改築のタイミングで解体予定だったこの建物は、当時主任であった林淑珍先生らの尽力で奇跡的に残された。敷地内に10棟ほどあったうちのひとつ。延床面積36坪のニコイチ洋風長屋で

新街國小
日式宿舎

旧童

建具の青ペンキを剥がしました

1934年建築。当時は中壢学校の分教場であった。のちに第二公学校（台湾人子弟

王一洲氏のお父さん、國治氏は日本の高校に進み、軍事教練まで受けていたが、終戦時はまだ高校生、戦争に行かなかった。帰台した父は小学校長、のちに山地の行政の課長になった。果たせなかった医学への志は、息子のひとりが継ぎ、台大の医学部に入ったという。17坪に11人が暮らしていた家。王氏の歴史が刻まれている。表札もそのままで保存されている。

王
國治

日本式の
表札

お勝手の床下は収納になっていて調理用炭を保管

文化財 ゆえ、できるだけ既存部材を残す義務あり。だから継手

新旧

対象）に、さらに新街國民学校、一時期は北白川宮記念学校と呼ばれたこともある。ケガをした北白川宮を搬送したタンカ代わりの学校の建具が神社に奉納されているという。▶林淑珍先生は日式宿舎の歴史的価値に気づき、自ら専門書を読んで学ぶ一方、研究者とともに調査を実施。文化資産部局から30万元を得て、2004年に歴史建築にするために申請。また、予定されていた校舎建て替えの基金から890万元を得て改修工事を行った。▶ちなみにこの建物と似た規模の山脚国民小学（苗栗県苑裡鎮）の宿舎は行政のイニシアチブで調査・登録に進んだが、「新街國小のそれは学校からのアプローチだったことが重要」と林淑珍先生。この宿舎を大切に思い見守り続けた学校内外の当事者の奮闘と献身が保存の原動力であったことを知る。

1937-41

山脚國小日治後期宿舎群
（苗栗県苑裡鎮）

耐震補強のために室内に角パイプ

和小屋

鉄骨による補強

天井は撤去

鉄骨のフレームを立てて、軸組を支える。改修で取り外した仕口や継手、銅板の雨樋などを展示。壁の下地の小舞も一部あらわしとしている。既存の小屋組みだけでなく、耐震補強も可視化。

一群孩子
一群熱愛學校的孩子
一棟老房子
一棟本来會消失的老房子
在一次因縁際會下
在校園的一角相遇…

老屋in新街
一新街舊日式宿舎的重生

児玉大將
臺灣總督
（明治三十一年）
1. 土匪ー横行
2. 良民ー安口

大將の誠意
劉は男泣きに
泣いた

書棚に並ぶ建築・保存の専門書の背表紙に目がとまる。これらは林先生が、「残すためにはまず自分が知らなければ」との思いで買い求めた本たちである。18:30 中壢 仁海宮の天上聖母の廟を車窓から見て、182創意料理 の円卓で、歓迎の夕食会にお招きいただく。帰路も邱先生の車で萬華まで運んで下さった。

書と学問と重んじた客家の人びとが、反故紙を捨てることをせず、ここで焼いた

歴史建築 中壢聖蹟亭
客家文化的指標!!建築

ゴマ付バンズ
皮付チキン
油飯（蒸したモチ米に油がからめる.
マッシュルーム
舟スライス
男児.誕生のお祝にちべたもの
コーンと人参
バスタブに入ってみたいなエビグラタン
大きな煮魚
お刺身を
ヘチマです！

182 手作|平價|創意料理
Creative Cuisine

桃園

の建築

呉鴻森故宅（桃園市中壢區中正路131號／1921年）
大正期に建てられた中壢医院で、呉鴻森はその医師の名。胴張りの強い柱と半円アーチの縦長窓、庇下の持ち送りが印象的。

大溪老街（桃園市大溪區和平路）
平屋の亭仔脚が見られる商店街で、ファサードの装飾が秀逸。荒物や豆腐など、販売する品物のモチーフがモルタルやタイルで表現される。

楊梅富岡呂宅（桃園市楊梅區中正路12號／1931年）
五連のバロック風騎楼。うねるような曲面窓、デフォルメされた列柱、葡萄や麦、果実のレリーフ、双柱にうろこ張りのクーポラ屋根など、溢れるモチーフは見る者を飽きさせない。

中壢警察局日式宿舎群（桃園市中壢區延平路627號／1941年）
廃屋となり放置されていた警察宿舎の木造平屋住宅が、2019年に修復され、「壢景町」という文化施設に再生。地域の歴史を学べる展示とともに、レストランも併設されている。高い煉瓦造の基礎、切妻の桟瓦葺き屋根、南京下見板にコーナー部の出窓は、台湾の木造日式住宅のスタンダードだ。写真は廃屋だった2016年当時と再生後の2020年のもの。

壢小故事森林（桃園市中壢區博愛路52號／1917年）
小学校の教職員住宅が2015年に歴史建築に登録され保存。非対称で壁の仕上げも異なるという特異な建築。

桃園車站舊倉庫（桃園市桃園區萬壽路三段241、243、245號／1936年）
汚れた廃屋に見えるが、これも歴史建築。かつての桃園農舎肥料配合所。煉瓦造に木造架構の大型倉庫として貴重。

中平路故事館（桃園市中壢區復興路99號／1930年）
左右対称の典型的なニコイチ長屋で、公務員宿舎として建てられた。生活用具もそのままに展示する歴史建築として保存。

范姜老屋群（桃園市新屋區中正路110巷／1854年〜）
清代後期に渡ってきた客家の一族の住居群で、伝統的な四合院形式でありながら、日本統治時代の改修部分には赤煉瓦やモルタルなど近代の意匠も。

第4章

最果ての地に輝く建築
～屏東と澎湖～

台湾の2つの「最果て」を私は訪ねた。ひとつは最南端の屏東県・恆春。「いつか行きたい」と思っていたが、友人の奨めで観た映画『海角七号』が背中を押してくれた。こぢんまりとした街には、ユニークでミニマムな再生空間が待っていた。もうひとつは台湾海峡に浮かぶ澎湖諸島。この島々は、台湾本島より一足先に日本軍が占領した地だったことを私は旅の中で知る。わが国と深い因縁で結ばれたこの地にも、記憶を刻んだ珠玉の建築が無言のままに建っている。

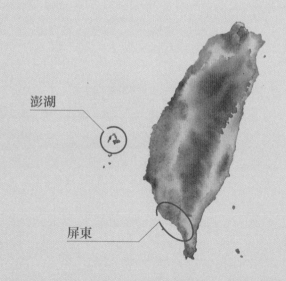

澎湖

屏東

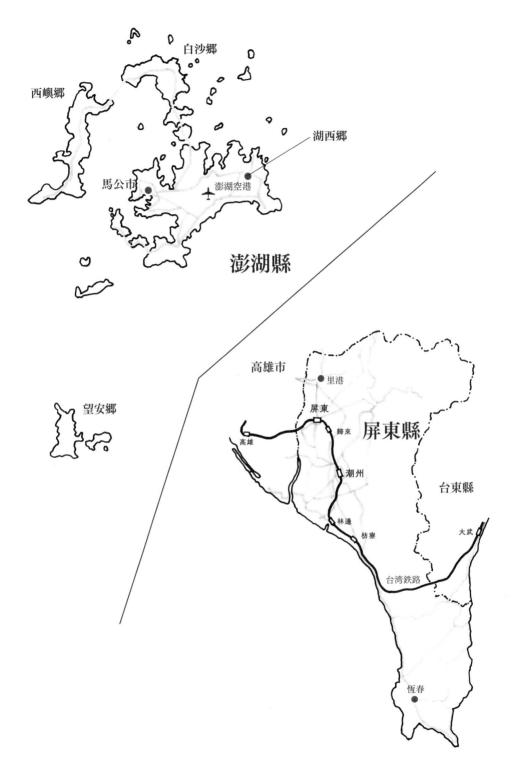

白沙郷

西嶼郷

湖西郷

馬公市

澎湖空港

澎湖縣

望安郷

高雄市

里港

屏東

屏東縣

歸來

高雄

潮州

台東縣

林邊

枋寮

大武

台湾鉄路

恆春

07：30起床。ついに台湾最南端のまち、恆春にやってきた。北回帰線を越えたら熱帯だという。屏東県はすっぽりと熱帯エリアに含まれる。7月の雨の朝。老街なのに亭仔脚がないのは珍しい。09：00傘を手に歩きはじめる。この県城

⑤恆春縣城南門（1879・光緒5）

は牡丹社事件（1874年）を抜きには語れない。1871年（明治4）、宮古島島民64名の恆春郡満州庄九柵への漂着、その悲劇的な結末と、それを口実とした最初の日本の台湾出兵のこと。以後、対日警護のために築かれたのが県城というわけだ。城壁に沿って北上する。いまは映画『海角七号』（2008年）の舞台として有名に。「90%の人は映画の主人公の実家『阿嘉の家』を、99%の人は恆春城門を知っているが、ここに高級餐庁があったことを知る者は1%だ」とSNSサイト「迷思媽祖」に書かれていた恆春樓を見る。

會庫 和漢 恆春樓 ⑥

這棟老屋曾是酒家曾是医院也曾經是公賣局、是個經歷80幾載光陰的老房子。我們想作好吃的東西給你吃、也想給你餐桌上的靈感、這裡有美食、有雜貨、有愛做菜的人，來吧！開始你的餐桌計畫！⑦

恆春・迷路餐桌計劃

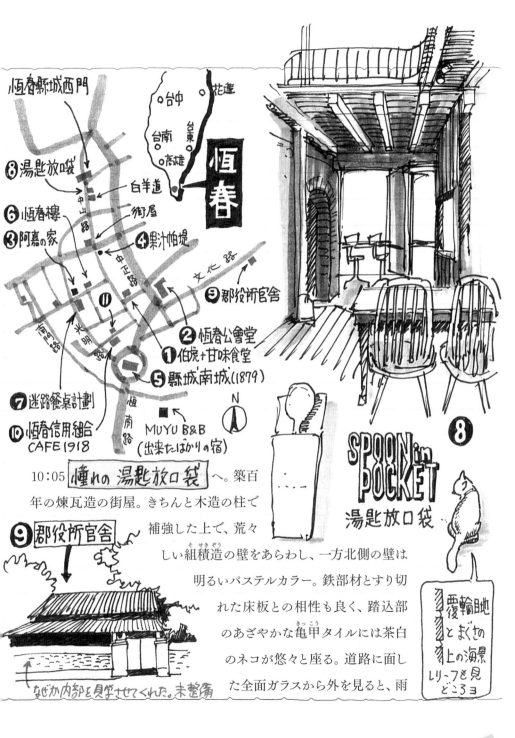

恆春縣城西門

○台中　○花蓮
○台南　○台東
　○高雄

恆春

⑧湯匙放口袋
　　　　白羊道
⑥恆春樓
③阿嘉の家
　　　　街屋
　　　④果汁帕堤
中山路
中正路
　　　　　文化路
　　　　⑨郡役所官舎

②恆春公會堂
①伯虎＋甘味食堂
⑤縣城南城（1879）

⑦迷路餐桌計劃
⑩恆春信用組合
　CAFE 1918

N

MUYU B&B
（出来たばかりの宿）

10:05 憧れの 湯匙放口袋 へ。築百年の煉瓦造の街屋。きちんと木造の柱で補強した上で、荒々しい組積造（そせきぞう）の壁をあらわし、一方北側の壁は明るいパステルカラー。鉄部材とすり切れた床板との相性も良く、踏込部のあざやかな亀甲（きっこう）タイルには茶白のネコが悠々と座る。道路に面した全面ガラスから外を見ると、雨

⑧

SPOON in POCKET
湯匙放口袋

覆輪胎（ふくりんたい）とまくらの北上の海景レリーフを見どころヨ

⑨郡役所官舎

なぜか内部を見学させてくれた。未整備

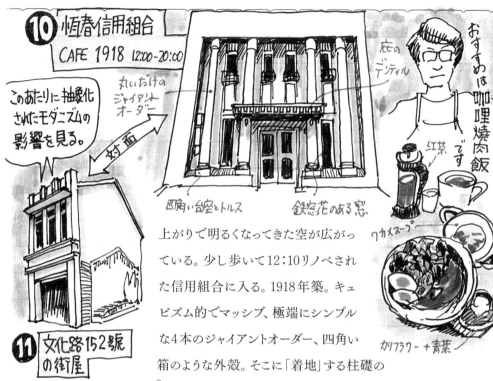

⑩ 恒春信用組合
CAFE 1918 12:00-20:00

このあたりに抽象化されたモダニズムの影響を見る。

対面

丸いだけのジャイアントオーダー

庇のデンティル

おすすめは咖哩焼肉飯です

紅茶

ワカメスープ

⑪ 文化路152號の街屋

四角い台座とトルス　　鉄窓花のある窓

カリフラワー＋青菜

上がりで明るくなってきた空が広がっている。少し歩いて12：10リノベされた信用組合に入る。1918年築。キュビズム的でマッシブ、極端にシンプルな4本のジャイアントオーダー、四角い箱のような外殻。そこに「着地」する柱礎の円盤トルス[*]（torus）だけが、微かに遠い昔の地中海の記憶を刻んでいる。庇（ひさし）のふちの細かなデンティルの陰翳が旅人を誘（いざな）う。鉄窓花も（後補だと思うが）彩りを添えている。日本統治初期、サイザル麻縄の生産で栄え、金融組織を設立した恒春の実業家たちは、時代を1周も2周も先取りするようなモダンなデザインを選んだということか。あるいは後の時代の改装なのか。タイル敷きの床、2階に続く階段手すりもエキゾチック。不思議な、夢のような白い空間に身を置いて、高い天井のファンの下で昼食をいただいた。13：04大型路線バスで

恒春　→　林邊

恒春バス駅を出発、左手に海を見ながら北上する。

14：30屏東県中部の林辺（りんぺん）に到着。

蓮霧のレンブのまち

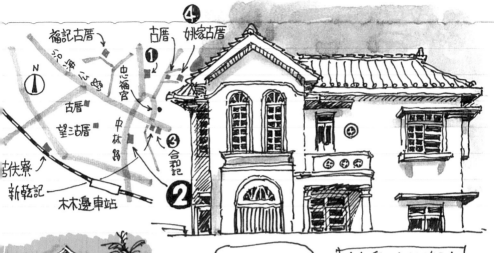

鄭吉慶医師
東京医科大卒業
屏東郡評議員と
林辺市長

林邊・中林路34
丸窓のある日式住宅
鄭眼科醫院

① 吉慶醫院 (1937?)

ヒップゲーブルに板張りの軒裏があったはずだが、シンプルな切妻屋根（けらばの出がほとんどない）に改造されている。それでもシャープで下広がりなポーチの角柱や木製の円窓といった特徴は健在。未指定とのことだが、修復が待たれる。

③ 合和記

沿海公路（えんかいこうろ）に並ぶ双子の煉瓦造街屋。小さな玉が付くペディメント。すぐ西には新乾記（しんかんき）。

可愛らしさにおいては南台湾では屈指の名品といいたい2階建ての医院建築。左の半円アーチのファンライト*はどう見ても「目」だし、眉もあり、口もある。半円欄間（らんま）の斜材はカーブしている！　洗い出しの軀体の窓台の突出は、表現主義的な優しい曲面を見せる。ポーチ上の手すりの孔は円窓と呼応する。それなのに庇の薄さはどうだ。

そしてポーチの丸柱の「優等生ぶり」はどうだ。この鄭眼科医院は石持ちの和瓦と出窓の引違いガラス戸の他には「和風らしさ」はみじんも見せず、背を伸ばして街路に「気をつけ」をする様は、この地に近代医学を広めんとしたドクターの心意気を示しているようだ。スケッチをしながら私はそんな

④姚家古厝の山牆(單弧型)

妄想を楽しんだ。林辺には他に、見るべき古厝も多い。わずか80分間で廻るべきではなかった……。

駅の傍の苦佚寮の外観を見て、15:54林辺発の区間車(各駅停車)に乗って北上する。

1613潮州着。日が傾きはじめた街を横切り、屏東戯曲故事館へ。1916(大正5)年といえば、森山松之助の台南州庁や嘉義酒廠と同年代だ。しかし、これはあまりに小さく、その中に角・円柱のカップルドコラムを上半身にくっつけたり(方形台座/プリンスが異様に高くなる)、デンティルのひとつひとつが相対的に大きすぎたりする違和感も。

角柱

円柱

屏東戯曲故事館

玄関庇持ち送り

休館でした(涙)

本来のバロックならもっと複雑

メダリオンとストライプそようのペディメント.

力行巷の出隅の廃屋

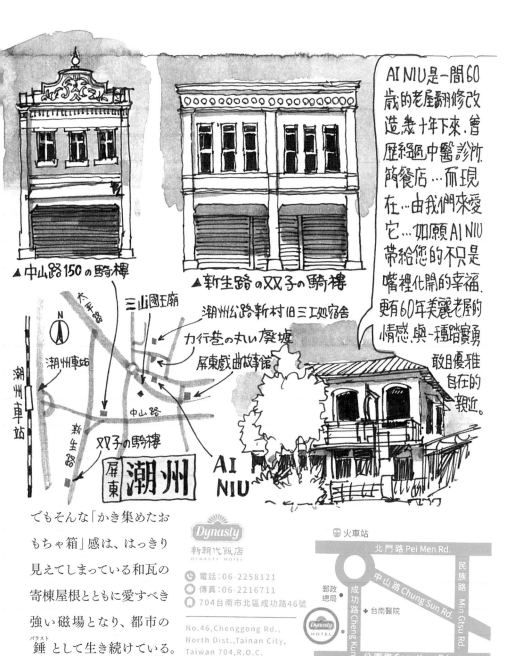

▲中山路150の騎樓

▲新生路の双子の騎樓

AI NIU是一間60歲的老屋翻修改造…等十年下來.曾歷經過中醫診所.簡餐店…而現在…由我們來愛它…如願AI NIU帶給您的不只是嘴裡化開的幸福.更有60年美麗老屋的情感.與一種踏實勇敢且優雅自在的親近。

三山國王廟
潮州公路新村旧三工処宿舍
力行巷の丸い廢墟
屏東戲曲故事館

大平路
潮州車站
潮手車站
中山路
新生路
双子の騎樓

屏東 潮州

AI NIU

でもそんな「かき集めたおもちゃ箱」感は、はっきり見えてしまっている和瓦の寄棟屋根とともに愛すべき強い磁場となり、都市の錘（バラスト）として生き続けている。
20:32台鉄・台南駅着。

Dynasty
新朝代飯店
DYNASTY HOTEL
電話:06-2258121
傳真:06-2216711
704台南市北區成功路46號

No.46,Chenggong Rd.,
North Dist.,Tainan City,
Taiwan 704,R.O.C.
Tel:886-6-2258121
Fax:886-6-2216711
E-mail:tndynasty@dynastyhotel.com.tw

火車站
北門路 Pei Men Rd.
中山路 Chung Sun Rd.
民族路 Min Gisu Rd.
郵政總局
成功路 Cheng Kung Rd.
台南醫院
Dynasty HOTEL
公園路 Gong Yuen Rd.

このカーブは中国風

バロック騎楼が並ぶ賑やかな 新化老街 と 武德殿 を見る。後者は2012年に復原されたもの。新化市街から新市駅に戻り、14：45発車。台南からは特急に乗り換え新左営に。タクシーで東へ約30km、里港をめざす。FBで写真を見てどうしても訪ねたかった 屏東県里港 に16：25着。バスターミナルを探したが見つからず、荷を背にしたまま500m歩き郵便局を見る。黒いビニールが垂れ下がっている。

丸窓がエキゾチックを見る。

八角柱

新化

殿德武

大引き受け

床下の大引の東が鉄製バネになっていた。講談社野間道場と同じ。

16：56里港・永安路を歩き、 韓哲卿宅洋楼 に対面し言葉を失う。中華風の門の奥、もう一歩、入らせて頂きたい……と思っていたら、庭から犬とともに成華さん（84）が出てこられて、ご挨拶をする。許可を得て見せて頂くことになった。

ツルのレリーフは、日本由来か、と思ったら時々飛んで来るのだ。

1904里港 製糖業の父。1920～里港信用組合長、里港庄助役など歴任、日本に留学し、台・日語に通じていた。

韓哲卿氏

【日本人・岐阜出身】

相宮よふ
台湾でなくなる

のりちゃん？

陳克昌氏 韓成華さん

娘 兄 小4で渡日したが、日本でなくなる 兄

父が63才の時の子ども

子 子 子 子 子 子

そんなに巨大ではないのに建築はマッシブな力強さに溢れている。

鳳梨專選

中華民國郵票
REPUBLIC OF CHINA (TAIWAN)

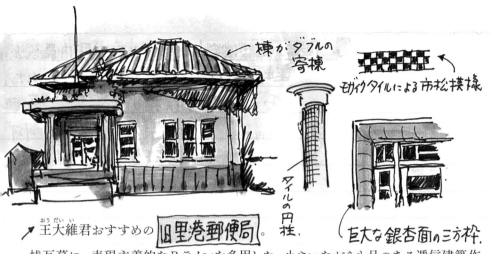

棟がダブルの寄棟

モザイクタイルによる市松模様

タイルの円柱.

巨大な銀杏面の三方枠.

王大維君おすすめの 旧里港郵便局。

桟瓦葺に、表現主義的なRラインを多用した、小さいながらも品のある逓信建築作品。窓の額縁も銀杏状に丸みをもたせるなど、手間を惜しまない造りが素敵。

里港・韓哲卿宅

ツルのレリーフ

30年前に中部製バリ瓦に

20年前にドイツ製(!)に

デンティル

かつては20万平米の田んぼで米を作り、また砂糖を精糖工場で作っていた。この家は日本人技師の設計で、当初はセメント瓦だったが、私がフランス瓦にしたよ

韓 成華さん(84)
(日治期・成子)

陳克昌氏(88)

[玄関の列柱のアカンサス]

総2階の赤煉瓦の軀体から突き出した双柱のポルチコには、細かい歯飾りが並ぶ。中央には鶴が舞うレリーフも。

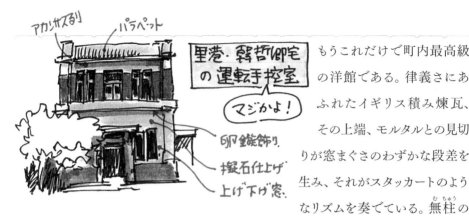

アカンサス刳り
パラペット
里港・韓哲卿宅の運転手控室
マジかよ！
卵鏃飾り
擬石仕上げ
上げ下げ窓.

もうこれだけで町内最高級の洋館である。律義さにあふれたイギリス積み煉瓦、その上端、モルタルとの見切りが窓まぐさのわずかな段差を生み、それがスタッカートのようなリズムを奏でている。無柱の庇も撓むことなくスラリと伸びる。これが「車夫室」とは……里港随一の大地主というのもうなずける。成華さんは吠える犬を優しくあやしながら、遠い日の記憶をたどる。父親・哲卿氏のこと、その前妻である日本人女性のこと、すでに亡ききょうだいのこと。建物を褒める私の言葉を、嬉しそうに聞く。片ことの日本語を話す彼女は、台湾の近現代の歴史の記憶を、まるごとこの洋楼に刻みながら生きてきたようだ。だからこそ、この日式建築は、どんな書物や記念品よりも如実に、行き交う人びとに里港の過去と人間の生き様を伝えてくれるのだ。韓哲卿宅を辞し、薄暮が迫る里港の街を西へ歩く。友人たちの情報によればもうひとつ、「見るべき建物」がこの先にあるはずだ。17:36ついに 藍家古厝（1923） の門前に立つ。ルーツとしては清の康熙帝60年（1721年）までさかのぼる藍家。その洋館のファサードにはギリシア風の三角ペディメント、赤煉瓦とモルタルのカップルドコラム。なによりも敷地のアプローチが深く長い。平屋だから高くないのだが、細かい造作が手のとどく位置にあり、メダリヨンも卵鏃もイオニアの柱頭もよく見えてワクワク感がたまらない。ここでも同行のSさんが果敢に声をかけ、遅い時間なのに内部を見せて頂けることに。走廊を経て、客庁に入る。人研ぎ（磨石子）の床、雰囲気は中華だ。京都大学のマークをかたどったという円窓の向こうに

不思議な鳩小屋？

は、長方形の中庭が広が
り、四半*に並ぶ敷煉
瓦の対岸に神明
庁の紅い瓦の屋
根が下がる。こ
れは三合院（洋
楼部を含めれば
四合院）の空間
なのだ。二水の
鄭家と同じく、
閩南式と洋風の
折衷なのだろう。
これぞまさに、
台湾南部で「開
花した」日式建
築のもうひとつ
の姿だったので
はないか。立派
な調査報告書を
拝見し、見送ら
れて18:17藍家
を辞す。

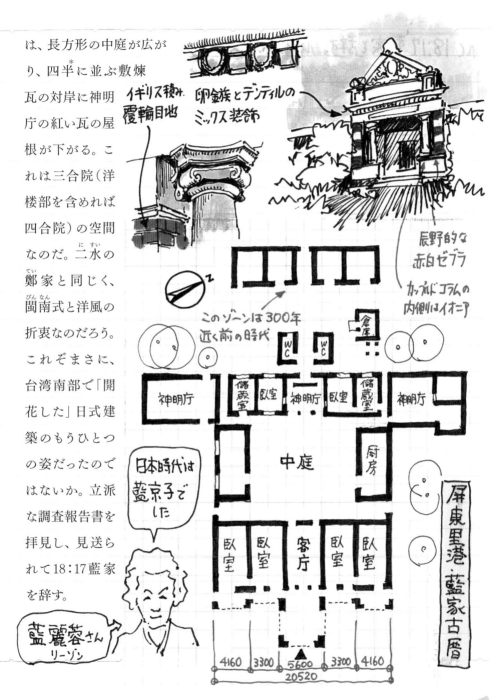

イギリス積み.
覆輪目地

卵鏃とデンティルの
ミックス装飾

辰野的な
赤白ゼブラ

カップルドコラムの
内側はイオニア

このゾーンは300年
近く前の時代

倉庫

N

神明庁

WC　WC

儲蔵室　臥室　神明庁　臥室　儲蔵室　神明庁

厨房

中庭

日本時代は
藍京子で
した

臥室　臥室　客庁　臥室　臥室

4160　3300　5600　3300　4160
20520

藍麗蓉さん
リーゾン

屏東里港・藍家古厝

恆春縣城南門（屏東縣恆春鎮恆南路）
日本の台湾出兵（1874年の牡丹社事件）を機に光緒
帝時代の清が築いた城郭と門が残る。そのひとつ南
門は煉瓦造の楼門で1980年に復原されたもの。

恆春轉運站（屏東縣恆春鎮中正路30號／1909年）
明治後期の恆春公會堂とされるが、表現主義的デザインやL型平面で多人数の収容に不向きであり、1930年代以
降の娯楽場の可能性も。現在はバスターミナル。歴史建築に登録。

「阿嘉的家」（屏東縣恆春鎮光明路90號）
映画『海角七号』の主人公の実家とされた建物。音
楽家になる夢が破れ郷里に戻った阿嘉は、この街で
日本人女性と知り合う。映画は記録的な興行収益を
上げ、ここも「聖地巡り」のスポットとなった。

恆春信用組合（屏東縣恆春鎮文化路155號／1918年）
大正時代に建てられた金融機関の建物。モダニズム
を感じさせる。改装してレストランとして営業。

スプーン・イン・ポケット
湯匙放口袋（屏東縣恆春鎮中山路192號）
煉瓦造の小さな街屋がカフェにリノベーションされた。
県城西門に近く、清代と日本時代が渾然とする一角
にある。

吉慶醫院（屏東縣林邊郷中林路110號／1937年）
鄭家6代目の鄭吉慶が東京医科大学から戻り開いた
病院。切妻の主屋根は当初はヒップゲーブルであった。

屏東戲曲故事館（屏東縣潮州鎮建基路58號／1916年）
庄役場として建てられ、後に郵便局として使われた
煉瓦造平屋、寄棟瓦葺きの洋館。シンメトリで両翼
にペディメントを載せ、円柱・角柱の短い双柱が並ぶ。
ほ てい ぎ　　　　　　　　　　 か　 あ　 ぎ
布袋戯（人形劇）、歌仔戯（台湾語オペラ）など民俗
芸能の展示施設に。

ちょうしゅう
潮州の街屋（屏東縣潮州鎮中山路）
大陸の潮州出身移民が多い街。日本統治時代の洋
風街屋がそこここに残る。小さくても強い存在感を
発揮するこの煉瓦造の騎楼は、デンティルの陰翳が
美しい。

鄭眼科醫院（屏東縣林邊郷中林路34號）
東京医科大学で学び帰台した鄭炳陽が開いた眼科
医院と伝わる。建築年代は不明だが、表現主義の影
響を受けたモダニズムの雰囲気の医院建築の遺構。

李開榮宅（屏東市歸仁路186巷）
日本で学んだ後、不動産業で成功した李開榮は架橋
など公共事業に私財を投じた。自宅はハーフティン
バー*の洋館で裏庭には円柱を備えたテラスもある。

姚家古厝（屏東縣林邊郷林邊村忠孝路18號／1928年）
カーブした妻壁頂部の「馬背山牆」など閩南式を
ベースにしつつも、タイルなど日本由来の意匠も加味。
歴史建築に登録。

宗聖公祠（屏東市仁愛路謙仁巷23號／1927年）
公祠とは氏族にかかわる共同祭祀建築。中庭型の
客家民居をベースにしながら、日本時代の西洋建築
装飾をちりばめたユニークなデザイン。2002年、県
定古蹟に指定。内部見学可能。

唐榮宅（屏東市廣東南路143號）
福建生まれの実業家・唐榮は屏
東に渡り鉄鋼工場を経営。住宅と
してこのトンガリ屋根の洋館を建
てた。切妻の三角形部分（矢切）
を壁から持ち出し、その分、けら
ばの出をほぼゼロとする。縦長窓
と併せて一種奇異な外観を作り
出す。

韓哲卿宅洋樓と運転手控室（屏東縣里港郷永安路16號／1929年）
当地で民間建築随一の規模と壮麗さを誇る2階建ての洋楼。韓家はサトウキビによる製糖業で財を成し、信用組合長や助役を務めた名家。右写真は運転手控室。

里港藍家古厝（屏東縣里港郷玉田路48號／1923年）
藍家は18世紀から続く家柄で、この巨大ペディメントを持つ洋館は伝統的な四合院の入口部分である。西中混淆のデザインの代表作といえる。

澎湖諸島・馬公市の臨海居特色民宿201号室にて06：30起床。島は曇り、今日も風が強い。08：30に私の宿にメンバーが集まってくれて、呉鷗翔さんの車でフィールドワークを開始。**①湖西郷成功村（本島北部）の三合院**を見学。大陸から運ばれた花崗岩の「仁井」の井戸石を見る。珊瑚組積の軀体の建物を見ていると、近所の古老、李さん（83）が出てきて挨拶。船大工として生きてきた男性で、皇民化教育と戦中の体験をうかがう。日本に留学している陳鈞鴻君の通訳のおかげで貴重な話が聞けた。

仁井

私は花子でした

黄岡市さん（85）

②白沙郷講美村・呉旋派バロック三合院 ペディメントがギリシア風、タイルや泥塑を駆使したデザイン、これぞ澎湖的建築の特徴といえそうだ。ここで王大維君のお祖母さんを訪ねる。黄岡市さん、1934年生まれ。日本時代に３年間、日本語を学び、今も「ツクエ、イス、アタマ、アシ……」の言葉が出てくる。彼女の名は、古い台湾の「重男軽女（男を重んじる思想）」の習慣に関係↗

澎湖歴史建築
紙膠帯

船の修理人
李肆雄氏（83）

E1 漁翁島燈塔 ③

漁翁島燈塔位於澎湖西嶼西南端，是澎湖灣的門戶，也是台灣最古老的燈塔。經過幾次改建，現為白色圓型西式造型，係英國人所建。由於地勢較高，視野遼闊，燈塔旁的斷崖也成了欣賞落日餘暉的好去處。

漁翁島塔

日本時代、サーベルを下げた日本兵がこの街にも居た。第二次大戦中、米軍の爆撃が激しくなり、教室で勉強中にもサイレンの恐い音がして爆弾が落ちてきた。私の名は、そのころ「タカオ」だったよ。

悪い気を遮る
魔除けの
ようなもの

があるという。なお、日本時代、彼女は花子を名乗っていた。そういう時代、そういう世代だったのだ。

③ 漁翁島灯台 (1875)

全台最古の西洋式灯台。日本統治より20年近くも前の建築だ。その隣には煉瓦造平屋・ペンキ塗装の宿舎。びゅうびゅうと北風が身体を押し戻すような荒野。まるでアイルランドのヒース荒地のようだ。

④ 外垵の三仙塔 ⑤ 防備衛所

外垵の港を見下ろす最果ての丘。アイルランドのグレンダロホ*の修道院のような、屋根を喪失した石積みの廃墟が静かに建っている。そのうちのひとつ、切妻妻入りの小さな旧厨房（？）をスケッチして採寸。呉さんら皆が実測に協力してくれる（159頁参照）。

❻ 漁翁島税関監視署 (1900)

県定古蹟。赤煉瓦建築だが、

上がり框
廊下
和室
和室　和室
事務室
望楼→
N
ポーチ
洋室

玄関庇（当初）

木摺＋土かべ

漆喰
ぬき
木摺
漆喰

事務室以外はすべて和室という造り。当初は無柱持ち送りによる庇、それも強い照り*をもった屋根だった。赤印の内壁は、洋（大壁）と和（真壁）のハイブリッド。台湾の日式建築の象徴のようなディテール。

❼ 小池角公学校内安分教場　珊瑚石のダイナミックな組積の壁！

洗い出し
ペディメント
上げ下げ窓
換気ガラリ
リボン
雷文
八角窓
梅花

❽ 赤馬李氏「清雲家園」

饒舌なるファサードを堪能する。洋・和・中華の混在。中央アーチの煉瓦は覆輪目地でエレガントだ！

硓𥑮石（珊瑚石）にモルタル
門型オーダーの石礎盤が突起なくてなめらか

呉鷗翔さんデザインのマスキングテープ

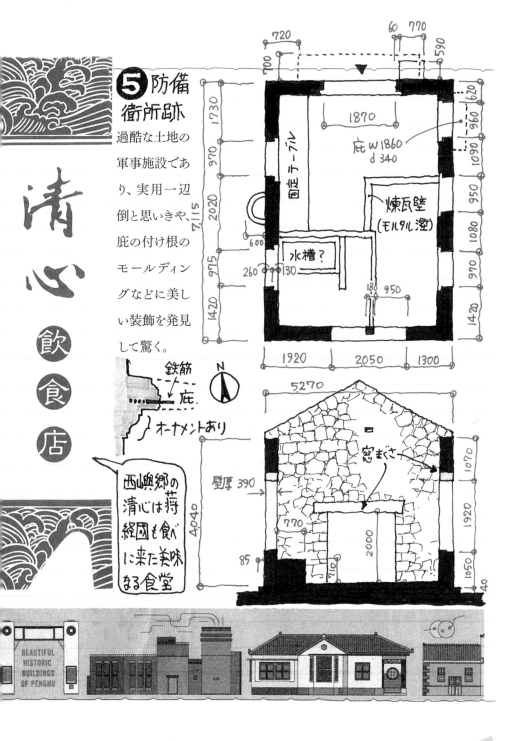

❺防備衛所跡

過酷な土地の軍事施設であり、実用一辺倒と思いきや、庇の付け根のモールディングなどに美しい装飾を発見して驚く。

清心 飲食店

鉄筋
庇
オーナメントあり

N

西嶼郷の清心は蒋経国を食べに来た美味なる食堂

平面図の記入

720
60 770
700
590
1730
970
2020
915
1420
7,115

1870
庇 w 1860
d 340
620
960
1090
950
1080
970
1420
600
煉瓦壁
(モルタル塗)
水槽?
260 130
180 950

1920
2050
1300

5270
壁厚 390
窓まぐさ
770
4,040
85
2000
710
1070
1920
1050
40

BEAUTIFUL
HISTORIC
BUILDINGS
OF PENGHU

⑩ 池西村の2つの古厝

⑭ 大池角の某古厝

⑮ 顔氏古厝

⑯ 西利堂

小門嶼

西嶼漁翁島大橋

通深

⑨ 西嶼の花崗岩のなまこ壁の医院

竹湾

⑬ 二崁陳宅と集落

西嶼

⑦ 小池角公学校内垵分教場

⑥ 漁翁島税関監視署

203

二崁

⑪ 大菓葉瑞記商店

⑫ 大菓葉某宅

③ 漁翁島燈塔(灯台)と西洋式官舎

赤馬

N

馬公

⑤ 外垵防備衛所

内垵

外垵

④ 外垵二仙塔

「松島」慰霊碑

C2 二崁聚落保存區

　道光年間發展成的村落，二崁社區裡，戶戶都姓陳，是典型的單姓村。二崁擁有保留澎湖地區較為完整的古厝群，在經過社區總體營造後，傳統古厝裡除了保留傳統古厝建築風韻，也載入了傳統生活博物館及童玩館等新生命，讓生活文化的古早味揉合著趣味，欣賞古厝之美也走進二崁人的生活。

⑧ 赤馬李氏「清雲家園」の冗舌なファサード

風櫃

石敢當

沖縄と同じ

家族と同じだから人は食べないモー

野良牛も多い。

野良ヤギも！

二崁聚落保存區

後寮

⑰ 後寮宋氏古厝　⑱ 後寮許古厝「源春號」

203

白沙

⑲ 赤崁・涂氏洋樓

Special Thanks to
PENGHU.INFO

赤崁

港子

⑳ 鎮海
陳秀向洋樓

鎮海

澎湖

②白沙
呉旋派
三合院

講美

㉑ 中屯林姓洋樓

建築めぐり①

中屯島

㉒ 大光工業社

+ Andleo Rouens

鱙

㉓ 陳氏洋樓

菓葉 菓葉・許氏
家廟

①湖西郷
成功村
三合院

西溪　湖西

湖西

MZG 馬公機場

○林投

菓葉灰窯
（歷史建築）
セメント工場

龍門

林投日軍上陸
紀念碑

烏崁

南洋杉
ナンヤンサン

鎖港

銀合歡（燃料として輸入された
が増えすぎて問題化）は、伊
能嘉矩と言及していた！

澎湖の代表的な植生

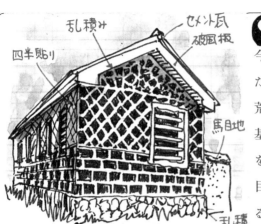

乱積み
セメント瓦
破風板
四半貼り
馬目地
乱積

❾西嶼郷・花崗岩なまこ壁医院

今回の澎湖フィールドワークで出逢っ
た最も衝撃的な建築といってよい。
荒々しい玄武岩の黒、そして赤い肌。
基壇は乱積み、腰部は水平に正方形
を並べ、途中から大胆に四半に貼る。
目地はまさになまこ状に盛り上げてい
る。しかし切妻上部（矢切）は再びク

モの巣のように乱積みに戻ってゆく。セメント瓦を載せる屋根の出は浅
く、矩形の窓枠には横格子ががっちりとはまる。面白いのは、南
の平面の目地は沈み目地になっていること。凹と凸の、どちらが
「上等」だと考えたのだろう。どうして壁ごとに、そして部位によっ
て仕上げを変えて造ったのだろう。ただただ堅牢で、ひたすら力
強く、そしてするどい美しさを帯びた石造建築。この異形の建築
はあまりにもユニークで、その「類例」はついに見つけることは
できなかった。

顔は別製のやさし
い塑像⓪源春堀
⓲後寮にて

「澎湖に来たら会いましょう」とメッセー
ジを下さった陳綉照
さんを重慶街の水泉
廚具行に訪ねる。「ま
た夏にも来て下さい」

新竹炊粉
三橋牌

バイシャンクオ
百香果

陳綉照さん

池西の2つの古厝はいずれも
無人で廃屋だ。しかし美をま
とう。ひとつには土着的（ヴァ
ナキュラー）で自然に還りゆく
姿が、もうひとつには近代の
合理的精神の輝きが。
池西村の助源家園❿

P80
→ 貓碹(門旁靠近地面處供貓狗進出之孔洞)台灣古建築圖解事典

宅第の門のこの孔は何？

果物？

鳳凰

内面

敷居
(モルタル)

⑭

開き戸の軸受け
(薬座のようなもの)

ペディメント
下のフリーズ
のレリーフ

パラペット
かざり

向いの公園
からよく見える

表から見ると右下
の位置にある

壁の中で90°回転
して内外を貫通し
ている。猫のため？
或いは呪術的装置？

⑲ 赤崁・涂氏洋樓 台湾と西
洋（ドイツ壁、ペディメント）、そして日本
（紗綾紋 !!）のボキャブラリーの大合唱
という感じだ。モルタルが剥がれた軀

体は、扁平な赤煉瓦と
珊瑚石が無雑作に積
み上げられているのだ。

臨海 相關企業・共同為您服務 👍

臨海旅行社 ～ 團體、自由行旅遊規劃
臨 海 居 ～ 特色民宿
安 泊 旅 店 ～ SKY旅店
臨海企業行 ～ 機車租賃
幸 福 租 賃 ～ 汽車租賃

⑳
鎮海
陳秀向
洋樓

フランス瓦

バットレス

ア 源成商行

ちょっとアールデコ

潁川陳氏

中

幅がせまい。

剪黏の女花

2日目の朝。3人が私のホテルに集合し、まずはこの商店から見学。手すりが愛らしい。狭いが亭仔脚となっている。

イ 馬公税関派出所（1906年/明治39）

百年以上、同一用途で使われているスゴさ！

ペディメント

ピラスター

裾飾り

呉鷗翔さんが所長さんと知り合いなので、内部を見学させて頂く。正統派のトラス、陰翳深い控え壁（バットレス）、シンボリックなキーストーンなど見どころ多し。受付窓はマニアックなまでの作り込みで見とれてしまう。

上下げ窓

引違い窓

細くしてる

結霜ガラス

この敷地内には3時代
① 日本時代の本館
② 戦中の防空壕
③ 戦後のアルミ倉庫の遺構が残っているんです！

陳淑琦さん

エ 臺廈郊會館（水仙宮）

上部根太にも銀苔面

會館

人造石研出し＋螺鈿作品の香台

歩口

四脚亭

金爐

臺厦郊會館は日本統治期の廟で、オーダーやデンティルという西洋モチーフと円窓や反った屋根といった閩南式がミックスされている。これもまた「台湾的」。

写真で見てずっと楽しみにしていた澎湖郵便局は兜（かぶと）造りのようなヒップゲーブル屋根の「出隅の建築」。深緑色の躯体に、青色の鼻隠しのラインが引き立って見える。持ち送りは吹き寄せに配り、基礎は洗い出しとする。展示替えのためか休館、右側は切除されているが、再生予定とは嬉しい。

キ 馬公水上警察官史派出所

派出所も今日は休み。これも「出隅の建築」のひとつ。

強烈なエンタシスの2階の寺。今はもうありません

ウ 中山路56號 天上聖母 1929年バロック式廟

すでに西半分はオープンしていて観光客がたくさん来てる

ケ 篤行十村

工事中の木造住宅を見る。赤煉瓦基礎の上部、伝統工法での復元の技法の確かさに驚く。

ク 順承門

占領した日本が破壊した城壁の中でかろうじて残ったもの。

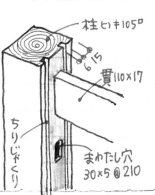

柱ヒキ105□
615
貫110×17
ちりじゃくり
まわたし穴 30×5 @210

シ 乾益堂中薬行 (1918)

薬膳蛋 うまい！

洗い出しのボディに6段ものコーニスが走り、曲面を多用したアールデコ＋バロック建築の傑作。県定古蹟（2000年）に列せられる。漢方薬の香に充ち、現役の薬局である。

四眼井の目の前です

半円ペディメント

會

コ 啓明街のアールデコ街屋

通り過ぎることのできない逸品である！　当初は3列の窓だったのでは？　「會」の字が残る。

←水平ラインや円を多用。林百貨並びに似てる！

來特家屋 **セ**

ス 建國路の4連長屋

何の変哲もないが、コーニスがとても立派。リペ済

シ 重慶街21 の街屋のタイル

▲有機的なパターン

陸抽砂船澎湖盗採 海砂2船28人法院裁押

拿捕された船舶

林

サ 林姓旅社は シンプルな山形ファサード。

馬公には木造住宅は少ないが、洋館が多く、大正期のモダニズムの息吹が今もそこここに流れている。

1919年
（大正8年）

チ

傻愛荘（合昌建材行）

食事・心事・情事

06-9263693

傻愛荘
澎湖縣馬公市新生路14號

ペディメントの
カルトゥーシュ

中央はなんと
♥ハート
である！

昌

XO醤蘿蔔糕

大根もち

モレ
カリフラワー
名物

花菜干

パセリ

キュウリ

涼娘雞

玉ねぎ

白飯
猪油拌飯
（ラードかけごはん）

花生炒高麗

ピーナツ

とり肉
麦付

海菜吻仔魚湯
（あおさスープ）

ファサードの付
柱（ピラスター）
の柱頭から
「生えている」持ち
送り。珍しいぞ！

キャベツ

ツ 両顔の街屋

ぜんぜん顔がちがう

つき出し窓 ×4段

埔仔尾地区は城外きっての繁華街、花街としての一面もあったらしい。シンプルな南面に対し、北面は一転して妖艶な美しさ。ただものではない強いオーラをまとう。

南面

北面

テ 連続するファサード

(陳)瑞源商店

Y字路を華麗にいろどる饒舌な外観。付け柱で分節されてリズミカル!

ヒ 伊索拉咖啡館

ISOLA

アールデコ建築のナンバーワンだ。独創的なコンポジションのカフェ。

馬公市内で最も優美な建築、といえばこの 合昌建材行(傻愛荘) をおいて他にない。今はシンメトリが崩れているが、ペディメントをいただくファサードには、教会堂の薔薇窓*のような円窓がうがたれ、ハート形のメダリオン*を持つカルトゥーシュ(勲章飾り)が女王のように街を見下ろしている。ピラスターと一体化したコーニスは不釣り合いなほどに重厚で、出入口の上の薄い切妻破風を支える持ち送りが柱頭にかぶさっている。呉さんの案内で澎湖の郷土料理を頂く。ここにしかない味、ここに来なければ出会えぬ建築。まさに離島に咲いた花である。

✚澎湖廳廳長官舎　1935

鴟尾

庇

ここはR(アール)!
ここは直角!

洗い出し

1934

擬宝珠と
猪の目

瓦の
キリヨケだった

このパラペット後補

日 澎湖廳廳舎

1933年に着工し、1935年に竣工。戦後に「県長公館」に、そして今は「澎湖開拓館」にリノベーションされている（2003年）。小さな建築ながら大正・昭和期の和洋折衷、アールデコのひとつの到達点をこの離島に見る。Rを多用しつつもエッジの鋭さも失わない。鴟尾*のある和瓦、洗い出しの基壇部、猫公石という玄武岩、そして一部には南京下見板も使われており、多様な要素が「てんこ盛り」されている。傑作。

日本統治期の後期らしいシルエットの帝冠様式の庁舎建築。屋根は今、赤褐色のフランス瓦になっているが、当初は和瓦だったようだ。寺院風の擬宝珠*と猪の目*が「とってつけた」ようにピラスター化している。設計した総督府官房営繕課の技師はこれを「日本的」と考えて付加したのか、あるいは中華風のモチーフと自覚していたのか。それが「宗主国の優越感」から生まれたデザインでないことを願う。

縣政府前碉堡　1951年に澎湖防衛司令部が県政府南東の交差点に設けたトーチカ*。とうにその役割を終えているが、19世紀から20世紀にかけていつも軍事的緊張の中にあったことを知る。

1943

又馼

第一賓館
のポルチコ

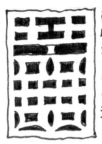

西嶼郷小門・西利堂

囍と壽
の透かし
絵文字

蝙蝠が
4羽いるよ!

これも異形だ。

軒反りの強い入

母屋の屋根はとても大陸的、ポーチのマッシブなキューブにはくっきりとした木瓜の孔、屋根はまるで帽子のようだ。木摺りの漆喰壁と竹小舞の塗り壁も復原されている。戦後は蔣介石が専用行館として愛用し、その子、蔣経國も自室を残している。設計は「末安猛」とあるが情報が少ない。

今も残ってます

14:00 一行は① 旧総督府専売局澎湖出張所に到着。梅澤捨次郎（57頁参照）最後期の傑作!

庇もっと深かった?

蔣介石像

梅澤

1939

ハナカクシ

当初は半円アーチ窓あった?「薄い庇とR」の時代!

澎湖縣政府（馬公市治平路32號／1934年）
総督府官房営繕課の設計による石造・RC造の混構造2階建て、中央塔屋付。擬宝珠や和瓦、荒々しい玄武岩積み腰壁が混在する折衷的・帝冠様式といえる作例。

澎湖郵便局（馬公市中山路75號之1／1924年）
角地のコーナーに玄関部を向けてヒップゲーブルの屋根をかぶせる。支持する持ち送りの繰り型も美しい。左右には上げ下げ窓を並べ、郵便と電信電話業務を行っていた。現在は展示施設に。

高雄關税局馬公支関（馬公市臨海路31號／1906年）
台湾総督府税關馬公支署として建てられた煉瓦造・木造トラスの平屋建て。北端に2階建ての望楼を備える。軀体には半円アーチの開口が並ぶ。

漁翁島税關監視署（澎湖縣西嶼郷外垵村外垵8號／
1900年頃）
統治初期の税関施設で煉瓦造、望楼を持つ。県定
古蹟だが修復が待たれる状態。

旧臺灣總督府專賣局澎湖出張所（馬公市民生路
42號／1939年）
梅澤捨次郎の後期作品のひとつで、曲面の多用、薄
い水平の庇などアールデコの色彩が強い。現在は公
売局が使用している。

澎湖開拓館（馬公市中興里治平路30號／1935年）
かつての澎湖庁の庁長官舎。戦後は県長公館となり、
1999年に展示施設に再生。極端に薄い庇がポーチ
を覆うアールデコ風の外観だが、内部には畳敷きの
和室が残る。

馬公第一賓館（馬公市介壽路15號／1943年）
末安猛設計。貴賓館および高級将校の休憩所として
建てられ、戦後は第一賓館と改名、蔣介石愛用の宿
となった。

漁翁島燈塔／西嶼塔燈（澎湖縣西嶼郷外垵村195號
／1875年）
清代末期、英国技師ヘンダーソンによって建てられ
た台湾最古の石造灯台。当初は石油ランプを光源と
した。高さ11m。国定古蹟。脇に建つ白塗りの展覧
室は日本時代の煉瓦造建築。

傻愛荘（馬公市新生路14號／1919年）

<ruby>傻愛<rt>シャーアイ</rt></ruby>

当初は材木・煉瓦等を商い、土木工事も請け負う会社、合昌建材行の社屋。この家から民選第1期の県長も輩出した。壮麗なカルトゥーシュのあるファサードそのままにレストランに再生。歴史建築に登録済。

防備衛所（澎湖縣西嶼郷／1941年頃）

澎湖を占領した日本軍が、海上監視と対潜索敵のために設置した軍事施設。20人ほどの下士官と兵が生活していた。寝室や食堂、浴室などが残っている。

二崁陳宅（澎湖縣西嶼郷二崁村6號／1912年）

<ruby>二崁<rt>アルカンもん</rt></ruby>

明代末に金門島から移住した陳家は後に漁業と漢方薬で成功。四合院形式の邸宅を建てた。壁は玄武岩を積み、パラペットには西洋風装飾が付く。

大光工業社（澎湖縣湖西郷西渓村102號／1940年頃）

貝殻から釦を作る朝日貝釦工厰として建てられた。玄武岩の隅石や和瓦が葺かれた帝冠様式などが評価され歴史建築に登録された。

澎湖赤馬李氏宅清雲家園（澎湖縣西嶼郷／1924年）

貿易で成功した李清雲が建立した西・中折衷様式の石造2階建て邸宅。屋根が崩落し荒廃が進む。修復が急がれる。

澎湖諸島の三合院（澎湖縣
湖西郷成功村仁井）
澎湖では、伝統的な住居の
壁は煉瓦ではなく珊瑚を積
み上げて造られているものが
多い。

民家を彩るタイル装飾（左上か
ら馬公市西文里、同、澎湖縣白沙郷
後寮村、同縣西嶼郷）

民家の文字窓
吉祥を表わす文字を透かし
て彫り抜いた装飾窓が見ら
れる。「萬」「壽とコウモリ（蝙
蝠は福と同音）」「喜喜」など
が多い（左から澎湖縣白沙
郷講美村、同縣西嶼郷坵小
門西利堂、同縣湖西郷成功
村仁井）。

1. ファストフードの定番

⇨豚バラ肉のかけご飯である魯肉飯は、時間が
ない旅人にとって欠かせない食事。八角の香り
と甘辛のタレで白米が進むが、なぜかたいてい
ご飯は小盛り。

⇩鶏肉を載せている嘉義名物の雞肉飯（ジーローハン）は、鶏
もも肉のあっさり感が良い。台北（タイペイ）にも人気店があ
る。これはランチ時には行列ができる梁記嘉義
雞肉飯（リャンジーアイー）（松江南京駅）（まつえなんきん）のメニュー。

［魯肉飯（バイグー）（右）と牛排骨麺／四方阿九魯肉飯／台北市萬華区（ばんかく）］

［◆雞肉飯（左）とタラあんかけ、ブロッコリー／
梁記嘉義雞肉飯／台北市中山（なかやま）区］

台湾で何を食べてきたか?

「ゆっくり食べる時間があれば、建物をもう
ひとつ見にいこう!」と思う私だが、それで
も、やはり「忘れがたい食」はあるものだ。
現地の友人が連れていってくれた店も少な
くない。そんな思い出の「食」を紹介したい。

2. 亭仔脚のテーブルで

⇨台南（たいなん）を代表する名物、牛肉湯（ニューロータン）。赤崁楼（せきかんろう）のすぐ
近くの石精臼牛肉湯（せきせいきゅう）は、亭仔脚の路上で食する
行列店。店頭で調理する様は、網に入れた生の
牛肉を湯通ししているだけのように見える。湯（タン）
（スープ）もいたってシンプルでこれがなんで美
味いのか?　と食べながら謎が深まる一品。

［◆牛肉湯／石精臼牛肉湯／台南市中西（ちゅうせい）区］

3. セルフ弁当屋に挑む

⇨これをクリアできたら台湾通だと自慢したい
……そんな思いでチャレンジしたのが自助餐（じじょさん）と
いう名のセルフサービス弁当屋。人通りの多い
街頭に、肉・野菜・魚など多様な惣菜の皿を並
べている。トングで掴み、紙製の容器に入れて
いく。ご飯は店員が入れてくれることが多い。こ
の日は、空心菜・揚げ茄子・メンマ・キノコを
チョイス。面白いのはスープ。寸胴鍋からビニー
ル袋にパンパンに詰めて輪ゴムを掛けて渡され
る。問題は、ホテルに持ち帰って行う「開封の
儀」。どうやってもスープが飛び散ってしまう。
大半をコップに移せれば「良し」としよう。まだ
まだ「台湾通」への道は遠いと思い知る。

糧倉桂丁 雞腿飯
リャンサンクィティン ジートゥエイ ファン.

すまり湯
ターメリックライス
目玉焼
皮付
とり肉

［店名不詳／台南市中西區友愛街（ユーアイジェ）］

4. 旅のお供の駅弁

⇨ MRT など都市内交通は飲食禁止、お茶を飲むこともはばかられる雰囲気だが、郊外にゆく台湾鉄路（台鉄）や新幹線（高鉄）では駅弁が待っている。ホームなどで80元程度で販売される。日本のそれより廉価で、排骨（リブ付き肉の揚げたもの）や素食（ベジ）が選べる。「蓋を開けた時の“見た目”も味のうち」と重視する日本に比べると盛りつけはシンプルだが、この手軽さが旅人の味方だ。

［排骨便當／台湾鉄路車勤服務部／花蓮駅］

［◆臭豆腐／北大臭豆腐／新竹市北區］

5. ワイルドなメニュー

⇨ 臭豆腐は「日本人の旅人がいつかは越えねばならない壁」。私は3回目の渡航でその強烈なにおいをクリアした。口の中に入れればそれは存外、食べやすいものだった。新竹のこの店では、親父さんが、大鍋で揚げた臭豆腐を、ポンポンポンとリズミカルに油から引き上げ、手際良くお皿に盛り付けてくれる。

⇨ 居酒屋というものが少ない台湾で、珍しく海鮮飲み屋があるといわれ地元の人に連れていってもらったのが「強強滾」という店。海の幸に交じってウシガエルの姿が。思いきって注文。胡麻油・米酒・醤油ベースの煮込みで登場。味は「鶏肉以上に美味な鶏肉」であった。

［美國牛蛙／強強滾／新北市板橋區］

6. 外せないフルーツとスイーツ

⇨カフェに入りコーヒーで一服も良いが、台湾なら豆花（トウファ）。甘い豆乳を固めたプリンのようなスイーツ。さまざまなトッピングを選ぶ。これはピーナッツ入り。

♨かき氷があるから台湾の暑さも耐えられる。年中果物に恵まれているイメージがある台湾だが、生の果実は夏限定。人気店になると整理券のために行列する必要があることも。

［花生豆花／緑逗蕽人／台北市大安區（だいあんく）］

［◆イチゴかき氷／冰郷（ビンシャン）／台南市中西區］

［◆マンゴーかき氷／緑豆蒜啥咪／コロナ禍で台北から新北市永和區（えいわく）へ移転］

雪盬氷淇淋

［台湾ビールのラベルに蔡英文総統（さいえいぶん）の似顔絵が］

◆……村野奈緒美氏撮影

［台北市師大夜市にて］

第 **5** 章

東海岸の旅
〜花蓮・台東の日本人の足跡〜

急峻な山塊が海に迫るような台湾東部は、広い平野も鉄道敷地も限られていた。それでも日本時代には、港湾、林業施設や内地からの移民村など、ユニークな建築が続々と生まれた。私は花蓮県政府の招待で、東海岸を訪ねた。それは3日間の「送迎付き巡検」という貴族のような旅だったが、すべてを見るにはまるで時間が足りなかった。保存・再生の動きがこれから本格化する花蓮と台東は、いちばんホットな場所になるだろう。

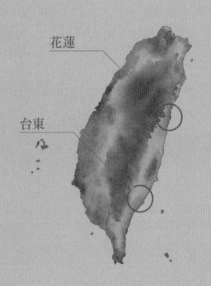

花蓮

台東

宜蘭縣

花蓮縣

花蓮　　　　　花蓮空港

鳳林

光復

瑞穂

玉里

池上

關山

鹿野

台東縣

台東

屏東縣

台東空港

緑島

台湾鉄路

2018年11月25日。 台東駅 南側の幸福角落民宿ハッピーコーナー
の窓のない部屋にて07:30起床。昨夜から未明にかけ
て私はテレビの選挙報道を注視しつづけた。国民党
候補の勝利を祝う夜の街の爆竹の音は、SNS上の「友
人たち」の悲痛な書き込みと呼応するかのようだった。
リベラルな「緑」陣営（民進党）は高雄を含む多くの都
市で首長の座を奪われ、全島の大半
が「藍」（国民党）に染まってゆく。公民投票の結果も、「民法上の
結婚は男女のみ」「五輪では"台湾"と名乗らない」など、そのほと
んどが保守的・親中国的選択を示していた。すくなくともFBの「友
人たち」の中で、LGBTの権利を「認めるべきでない」とか、「"中
華台北"を名乗るべきだ」と言う人はいなかった。その進歩性と寛タイペイ
容さを私は台湾のイメージとしてきたきらいがあったのだが、全島
の中でみるとそれは必ずしも多数派ではないことを知る。民宿のス
タッフに車で駅まで送ってもらい、09:06台東駅発。区間車（各駅
停車）には自転車を押して乗ってくる大人や子ども。ロングシートに

客は少なく、雨上がりの田園を北上。10:38 關山駅着、雲が切れ青空がのぞく。インターネット上の「日式建築MAP」に「友人たち」が記してくれたポイントを手がかりに街に歩み入る。小商店が軒を連ね、ここでも「地方都市が元気である」ことに驚かされる。

① 里瓏驛官舍

すでに大半が草木に呑み込まれている。白ペンキ痕のある南京下見板。

時光走廊
⑦ 蜻蜓文物館

黄色い長屋

中正路

警察

⑨

④ 馬駅長官舍 (站長宿舎)

⑤ 大華行

⑥ 駒楼

警察宿舎群

⑧

⑩

中山路

旧里瓏駅 **③**

② 嘉賓旅社

① 驛官舍

尺權路

中 ⑬

華路

⑪ トラスの店

⑫ 大戲院

初平路

関山駅

源昌関山
便當(駅弁)

台東縣 関山鎮 の日式建築たちMAP

② 関山嘉賓旅社

ベニハ小屋みたいな 越屋根

トラス尻が見える

ヒップゲーブルに下屋がつく。

③ 里瓏駅 (旧駅舎) (1919)

腰折れ屋根 +ヒップゲーブル

南京下見板の 修復good

水平線を強調

躯体は煉瓦造

⑤ 大華行 (中山路)

行華大

関山の「出隅の女王」。

警史蹟文物館

【光復初期・手搖式防空警報器】

台東縣警察局 紀念章 史蹟文物館

④ 駅長官舍

煉瓦基礎が特に高く モルタル塗り。保存済。

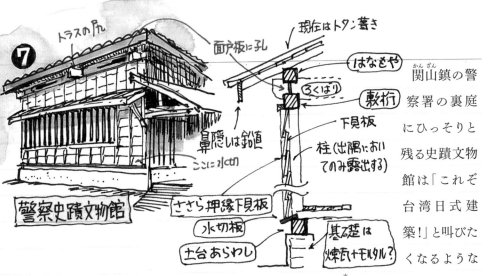

⑦ トラスの尻 / 現在はトタン葺き / 面戸板に孔 / はなどや / ろくはり / 敷桁 / 下見板 / 柱（出隅においてのみ露出する） / 鼻隠しは鉛直 / ここに水切 / 警察史蹟文物館 / ささら押縁下見板 / 水切板 / 土台あらわし / 基礎は煉瓦＋モルタル？

関山鎮の警察署の裏庭にひっそりと残る史蹟文物館は「これぞ台湾日式建築！」と叫びたくなるような

意匠ばかり。おだやかな寄棟屋根に押縁（しかも、ささら*！）下見板の外観とくれば誰しも和風を感じる。下端をスカート状に拡げるのではなく、斜めに水切板をはさんで土台を見せていればなおさらである。しかし軒桁はダブル、鼻母屋と敷桁が重なり（寄棟なのに）、繰り型の施されたトラスの梁尻が飛び出す。さらに面戸板にはデザインされた通気口が穿たれている。ちなみに軒裏は板は無く垂木あらわし、なのに鼻隠しはビシッと鉛直に打ちつけられている。いうまでもなく床は高い。台東における日式建築の「開花」はまことに独特な様相を示している。展示は警察の歴史と装備が中心なのだが、建物についての説明もあればいいのに、とここでも思う。

⑥中山路36の騎楼

こういうなにげない南京下見板と縦長窓の騎楼に惹かれる。

源昌飯店 1970年創設 50年老口味 / 關山店（火車站前） / 台東縣關山鎮民權路1-5號 訂購專線：089-811246 / 關山便當

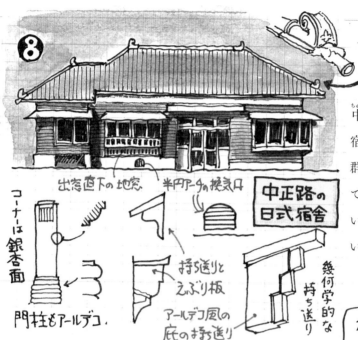

⑧

下り棟の
洋風鬼瓦

中正路の警察
宿舎・里長宿舎
群は、放置され
てはいるものの、
いずれも粒ぞろ
いの逸品ばかり。

出窓直下の地窓　　半円アーチの換気口

中正路の
日式宿舎

コーナーは
銀杏面

持ち送りと
えぶり板

幾何学的な
持ち送り

門柱もアールデコ.

アールデコ風の
庇の持ち送り

桁行四間半, 梁間
二間＋下屋一間の小
規模. さらら押縁下見
板の和風だが背高レ.

⑨ 中山路96號の黄色い長屋

細かいディテールは
神が宿るように美が
溢れている。

ベーハ小屋の
ような越屋根

2018.11.25　臺灣鐵路局
自　　強 T.C.Ltd Exp　308 次
關　山 Guanshan →鹿　野 Luye
12:14 開　　　　12:26 到
4 車 32 號　　Car. 4 Seat. 32

NT$36元
006B25-0205-845　限當日當次車有效　11:56

⑩ 中華路23號の街屋

母屋が重えんでいるので
トラス

⑫ 中華
大戯院
（戦後建築？）

寄棟　　切妻

⑪ 民権路59號
青いトラスの街屋。このようなてらいのない小さな店舗が、現代化された都市にない冗長性と陰翳、ぬくもりを担保する。

⑬ 中華路11號の半分寄棟の街屋
なかなか良い。サンコイチ長屋のようだ。

鹿野郷

トラスです！

鹿野庄(區)役場
1921(大正10)年

施工標準図

鹿野・龍田社區
日式 校長宿舍

ぬれえんが珍しい

| 2018.11.25　臺灣鐵路局 |
| 自　強 T.C.Ltd Exp　412 次 |
| 鹿　野 Luye　→台　東 Taitung |
| 12:57 開　　　　13:09 到 |
| 2　車　35　號　Car. 2 Seat. 35 |
| 普悠瑪 Puyuma Exp |
| NT$32元 |
| 501B25-0126-374　限當日當次車有效　13:0? |

光栄路186號
日式寓所

日本というより東南アジア的。

「旧里瓏驛は異形だ。」大通りのアイストップに位置するファサードはシンメトリで「ヒップゲーブルを加味したギャンブレル(腰折れ)屋根」。下屋は古レール。洗い出しの腰壁も、南京下見板も、キレイすぎない落ち着いた修復がなされている。下見板はコーナーに鉄板を巻き、意外なことに下端はスカート状にせず、基礎天端を表す。木製建具も風合いが良い。柱頭には水平決りを掘り、アールデコの味付け。まぐさにはスクラッチタイルを張る。1919年、つまり大正期に、ここまでモダンな駅を本当に造れたのだろうか。1978年に役目を終え、2008年に自転車メーカーのジャイア

ントが入居。たしかに室内にはおしゃれな自転車が並んでいた。

▶「台東市街を歩く。」刻々とせまる日没に追われながら日式建築をかけ足で見て歩く。選挙で勝利した国民党の候補者らのトラックや車が、爆竹やロケット花火を打ち鳴らしながら街路を走りぬける。17:15タクシーで台東駅へ。荷物を受け取り17:30のバスで17:53に台東空港着。あらゆる荷

公投初步結果看板

過關	公投案	同意票數	不同意票數
✓	第7案反空汙	6,926,094	1,836,289
✓	第8案反深澳電廠	6,609,129	2,046,700
✓	第9案反核食	6,776,108	1,948,208
✓	第10案婚姻定義	6,698,872	2,508,167
✓	第11案適齡性平教育	6,182,594	2,967,878
✓	第12案同性專法	5,575,270	3,550,781
	第13案東奧正名	4,185,762	4,999,683
	第14案婚姻平權	2,931,123	6,066,802
	第15案性平教育	3,044,799	5,934,876
✓	第16案以核養綠	5,121,047	3,501,676

截稿時間：11/24 23:42　選舉結果以中選會公告為準

電子機票收據E-TICKET RECEIPT/登機證BO

航空公司Carrier　　　　　艙級Class

MANDARIN AIRLINES Y

班次Flight　日期Date　　航程Route

AE0396　25NOV　　TSA

登機門Gate　編號Seq. No.　座位Seat

03　　　　015　　　2A

旅客姓名Name

WATANABE YOSHITAK

華信航空 MANDARIN AIRLINES

マンダリン航空 ¥8000ほど

華信航空
電子機票
收據專用章
＊＊＊＊＊＊
＊＊＊＊＊＊
＊＊＊＊＊＊
＊＊＊＊＊＊

航程　　＊＊＊＊＊＊＊＊＊＊＊＊
票價　　＊＊＊＊＊＊＊＊
付款方式　＊＊＊＊＊＊＊＊＊
電子機票票號297
開票日期／地點＊＊＊
買受人統一編號

旅客於馬祖、金門、離島
之航段票價均為免營業稅
可保留此收據以為報帳憑

物を機内持ち込み。ATR-72という6枚プロペラの双発機。高い音でタキシングも速い。滑走路の南端から独特のブオーンというエンジン音を響かせてぐいと上昇。20：21テイクオフ。わずか40分で台北・松山空港に到着。MRTで板橋府中の悦喜商務飯店へ。スマホのSNSの画面には「投票結果に絶望するな」「再び歩きだそう」との友人たちのメッセージが続いている。

ATR-72

TOGETHER, STRONGER

悲嘆にくれていたFBの「友人」たちは、膝の砂を払い、再び歩き始めたようだ。虹色のアイコンが増えている。

台東舊街文創聚落（台東市民權里中山路154巷40、42號）
台東県政府は、アーティストと協働して古い宿舎や
郵便局庁舎などを再生・活用するプロジェクトを進め
ている。写真は和室を復原した官舎。

台東
の建築

東糖文化創意産業園區（台東市中興路二段191号／1923年）
1913年創業の台東製糖（のちに明治製菓に合併）工
場群が保存されている。上写真は旧廠長辦公室（所
長室）。下は展示空間になった工場内部。

中華會館臺東分社（台東市中正路143號／1927年）
華僑による親睦や相互扶助の団体として設立され、
抗日運動の拠点にもなった。2002年、歴史建築に登
録。

台東縣兒童故事館（台東市大同路103號）
台湾総督府専売局台東出張所宿舎として建てられた木造平屋の住宅。子どもや家族のイベントスペースとして活用。

旧關山駅長宿舎（台東縣關山鎮博愛路21號／1919年）
職員宿舎として建てられ、戦後に駅長官舎に。木造平屋、寄棟桟瓦葺き。南京下見板張り。2005年に修復し歴史建築に登録。

鐵道藝術村（台東市鐵花路369號）
かつての台東駅は終着（ターミナル）駅として市街中心部のこの位置にあった。2001年に本線上の新駅に機能移転、保存気動車や鉄路を残して再生し公開。

關山警察史蹟文物館（台東縣關山鎮中正路27號／1932年）
派手な意匠はないが、日式建築の進化発展の軌跡が理解できる貴重な遺構。警察に関する資料を展示する。

關山旧火車站（台東縣關山鎮博愛路6號／1919年）
台東製糖株式会社が鉄道を敷設し里瓏駅として建設、後に關山駅に改称。1980年に駅の位置を100m南に移動、旧駅は歴史建築に登録され、現在はサイクリング拠点として再生。

鹿野區役場（台東縣鹿野郷光榮路135號／1921年）
県内に残る唯一の役場建築。1937年に庄役場に改称、戦後は職員住宅として使われた。

台湾師範大学会館507号室（教師用宿舎）にて05:50起床。錦町（にしきちょう）の日式宿舎を見ながら台北車站へ。東海岸への旅、花蓮を名指す。はじめて台鉄のネット予約・決済を試みた。人気の特急普悠瑪号（プユマ）は早々に満席で、花蓮まで3時間かかる急行・莒光号に乗る。

これは1970年から運用されている機関車牽引の優等列車で、78年に自強号（じきょうごう）が投入されると「急行」に格下げの形となる。それでもバリバリの現役。オレンジ色の古い客車だが、席間隔が広いのはありがたい。07:08台北発車。晴れた海を左手に見つつ海岸線を南下。10:02花蓮站着。FBでコンタクトしていた彭暄（ほうせん）さん、そして観光課長（科長）の林加昌（りんかしょう）さんが出迎え。車で県政府へ。

2016.10.03　臺灣鐵路局　訂刷網
莒　光 C.K. Exp　　74 次
台　北 Taipei　→ 花　蓮 Hualien
07:08 開　　　　　10:02 到 車次 582
7 車 43 號 Car. 7 Seat. 43

NT＄340元
069A03-0068-109　限當日當次車有効　　06:5

観光行銷科 科長
林加昌氏

おみやげにゆるキャラをどうぞ！
紅面鴨

知事秘書 田俊雄

ポケモンGOは、てます

おひさしぶりです

今日天氣及空氣品質

北北基	桃竹苗	中彰投	雲嘉南	高屏
25～32℃	24～31℃	25～32℃	25～33℃	25～34℃
30%	10%	10%	10%	30%
普通	普通	普通	普通	不良

宜花東	澎湖	金門	馬祖
24～32℃	26～30℃	25～31℃	25～29℃
40%	0%	20%	10%
良好	普通	普通	良好

空氣品質
● 良好
● 普通
● 不良
● 非常不良

李俊賢氏　　継行銷科　彭暄

9月のはじめ、facebookでの1通のメッセージから始まった花蓮県職員・彭さんとの交信。「花蓮に来て、建築を見てほしい」「報酬は払えないのですが……」と言いつつも、3日間の車＋運転手＋通訳、さらには花蓮学苑での宿泊までも手配してくれるという！

暑さの残る台湾での取材に、チャーター車はどれほどの力となるだろう。林課長と田秘書は、「これからは日本とのつながり、交流を大切にしていきたい」と強調される。彭さんと林昀融記者は、先に送っておいた「この日式建築を見たいです！リスト」を印刷し、ルートを考えて下さっていた。課長、林記者、彭さんと11:45

台肥海洋深層水園區 へ。海に近く、かつての日本時代のアルミニウム工場の遺構。フィリピンから運んだボーキサイトを半分まで精製し、中間品を日本へ送っていたという。

❶
台風対策雨戸固定具
窓の下には通風窓
南京下見板はスカートのように下が広がる
美しい換気孔

花蓮学苑の宿泊、話をつけておきました

日本製品大好きです。クルマはダイハツ、家ではテレビもみんな日本製ですよ！

20年間新聞記者をしていました。あなたのノートに感銘を受けました

日式建築ガイドブックの担当として。3日間一緒にフィールドワークします。記事にも書かせていただきますね！

更生日報 林昀融 記者（兼ドライバー）

アルミニウムはすなわち航空機の材料。つまり軍需物資そのものであった。当時の日本の「南洋進出」の野望を垣間見る思いがする。光復後（終戦後）はアルミは作らず、肥料工場として再出発、その後、7年かけて改装し海洋深層水プラントとしてスタートした。トラスを見上げるレストラン、「662食堂」が素敵！

切妻と寄棟が混在してる

鼻かくしがつくので洋風！

② 花蓮県定古蹟 検察長宿舎 (1936)

① L型の出窓
② 直下の風窓
③ 床下換気孔

出窓を支える持ち送りにど見事な意匠

タイル張りは昭和初期の流行

幾何学的彫刻

南京下見板（雨淋板）の出隅（ですみ）にはていねいに板金カバー

玄関ポーチの独立柱

1940年ころ建立された 構内社 流造り

ボールト天井はコンクリート

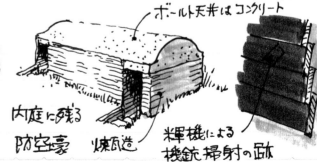

深海の海藻がたっぷり入った特製ジュース

海藻 木耳飲

内庭に残る防空壕

煉瓦造

米軍機による機銃掃射の跡

古い建物を愛し、絵を描く建築家 詹益忠氏に依頼して設計をすすめています。工事中も、完成した後も、ぜひ見に来て下さい！

珍しい木造建築

花蓮県文化局

陳淑美局長

▲応接室の天井

① 吸音ボードで蓋されている天井。こわれたところから 木ずり下地が見えている！
美しい漆喰だった！

玄関ポーチ庇の鉢が吹き寄せになってる。

② 周囲は網代張りとなっている

映画『湾生回家』の主な舞台は花蓮なんです。是非見て下さい
by 田さん

ジャポニカ米だからもちもちして旨い！

岩塩まぶしのエビのいため。

薑黄飯
ターメリックのドライカレー。

鱸（スズキ）の煮つけ

蔬菜

烏賊えりのスープ

ションルーツ　もずく酢

大根つけもの

662 食堂の海鮮コース

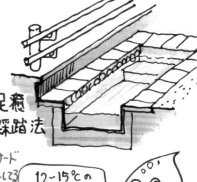

台肥海洋深層水園区の原點生活館

日式建築、とりわけ「台湾における洋風建築」の
特徴をよく表わしている。このプロポーションや
ディテールを見て、「台湾日式」の典型的な姿を理
解したい。

足癒
踏踏法

※全体的にファサード
のリズムを大切にしてる

12〜15℃の
海洋深層水
だよ
歩いてね

寄棟の和瓦

トラスの尻と換気口
(通気孔)

簓下見板
(雨淋板)は
出隅にカバー付
(ていねいな造)

台風の時の防護具

床に近い
通気窓

床下換気口の
鋳鉄の格子

基礎が高い
カップルドコラム(双子柱)

つづいて、花蓮港埠頭合同廳舎(1940)
へ。日式建築MAPにJun-Fan Lin氏が記
入してくれたのだ。現在は花蓮港務警察総
隊。北端に消防署のような望楼がつく。紅
い煉瓦タイルは後補のものだが、Rを多用
したちょっと表現主義的な独特の風貌は
異彩を放つ。かつては税関、派出所、植
物検査所、専売局などが入った、まさに
「大楼」であったらしい。

③

屋根が複雑（基本は寄棟）

破風が二重になっている！

軒裏が平ら（洋風）ではない。
南京下見板なのに！

ユニークな双窓

出窓になってる

出窓の下には 通風窓！

そしてその下には 換気孔！

内開きの観音扉（ドア）。
いかにも 西洋的！

14：10中美路に面した塀の中の

花蓮台肥招待所（県定古蹟）

を見る。こんなに状態が良いのに、非公開なんて、もったいない……。日本アルミニウムの長官宿舎として建てられた。ドラマ『後山日先照』のロケにも使われたらしい。Rex Chan氏の情報。「庭と建物の関係も良好」との説明も。Rex氏もオンラインの未知の「友人」。書き込みに感謝。

民國路80巷に建つ 時光1939 という日式宿舎再生カフェを見学。日本人歯科医の家だった建物を改修したとのこと。内部はかつての畳レベルに合わせてフローリングに改装。でも靴は脱ぐ。軸部（柱、鴨居、長押など）は黄土色、真壁部は白ペンキで思い切って塗っている。正面右手の和室、L型の出窓がそのまま残る。これもまた台湾日式らしい空間の設えである。

▲ドア

もう一軒、古本屋もやってるんです

どうです？いい空間でしょう？

林 科長.

❻ 舊花蓮港高等女学校宿舎 (1929)

まるで大和張りのような庇の板金葺き

二段の持ち送り、くり型付き！

垂木はふきよせでおしゃれ！

アーチ型ペディメントとデンティル（歯飾り）

カップルドコラム（双子柱）

軒裏換気口 整然と

洗い出し（洗石子）外壁

うしろに回ると南洋風のベランダ空間が母屋下がり部に

は、台湾檜(ひのき)が使われた寄棟平屋、押縁下見板張りの和風建築（洋風ではない）。でも、屋根には鼻隠しが廻っているところがちょっとエキゾチック。意匠上の見どころは玄関の引き分け戸の周辺。さりげなく手の込んだおさまりが見てとれる。出窓がアクセントになる。15：20だが敷地に入れず。

❼ 花蓮港山林事務所(1929)

これも台湾の見知らぬ「友人」がネットで教えてくれたもの。木立の中、まるで童話の挿絵のように愛らしいグレーの寄棟平屋の洋風建築。アーチ型のペディメントにはデンティルが並び、カップルドコラムがきりっと正面性を高めている。軒裏の換気孔や羽目板がリズムを作り、縦長窓の回転欄間(らんま)に残る歪んだガラスの輝きも、文化財的価値を物語る。

❽ 自家製焙煎珈琲豆 吉光片羽 は準備中。シンプルな切妻平入り、左手は増築部であろう。ぱっと見は日式に見えぬが、再生物

件で居心地がよさそ
うな空間に思える。

❾ 南日本漁業
統制株式会社

はL型に切妻屋根が
折れるプラン。ザ・日
式建築と呼ぶべき南京

母屋は丸太。
上品なイメージ

双子のガラリ窓が
チャームポイント

モザイクタイル床

L型出窓だが地面まで

下見板の洋館。正面右端に出窓が（例によって）L型に突き出すが、地面まで壁が

下がっている。玄関前は、モザイクタイル床、洗い出し（洗石子）の幅木、擬石仕上

げの腰壁、そして幅広の羽目板張り……と飽きさせないデザイン。

花蓮に来たら
これ！
「ゆーいち」かと
思ったら中一
豆花でした

ゆー豆花

❿ 郭子究故居（花蓮高中宿舎群）

こんな傑作たちを知らずにいたのか！　民

権七街1巷の両側に、ほぼ原形で残る木造

建築たち。

寄棟と切妻ハイブリッド

検察長官舎と同じ
柱の彫刻
（卍繊紋）

板金カバー
付きの上等
な南京
下見板

持ち送り彫刻

洗いだし
基礎

←京壁風の左官に
玉石埋め込みの優雅！

ふき寄せ垂木
のリズムが美しい

ポーチの幾何学的な
丸棒のデザイン。他に例が
ない？

数の多さと状態の良さだけでなく、独特の非対称なデザインを見て、「将軍府以上だ」と思う。黒塗装の南京下見板であるというだけで、外観はこんなに引き締まって見える。当然のように洗い出し（洗石子）を基礎の外側に使っているが、現代に再現しようとしたら結構な金額になるはずだ。他に類をみない非対称切妻ファサードの同一デザインの官舎が、左右一対ずつ、この民権七街1巷に整列するさまは、特に贅沢に確保された庭（それもきちんと整備されている）と相まって、この一角を、ゆったりとした、そして気品に満ちた都市景観を持つエリアにしている。今も学校の教職員たちが居住しているとい

青海波のランマ

郭子究

庭側のエレベーション（立面）まで美しい。この非対称の切妻！

洞爛音楽之父

う。まさに活ける文化財

たちよ。

この一角を歩いてみて私は、花蓮という街のさまざまな観光要素の中に埋もれてまだ知られていない日式建築が（良い意味で）手つかずに残っていることに驚いた。それはまさに「知られざる日式建築の宝庫」と言ってもいいだろう。花蓮こそ、もっと注目されて欲しい、と強く思う。花蓮県政府のメンバーにも、その思いを聞いて頂いた。

▶16:55日没に急かされるように林記者の車で市内を走る。ここは日式建築MAPでもノーマークだったところ。彭さんや林記者がリストアップしてくれたのだろう。これまた手つかずの日式に出会う。

近代建築というひとつの種が別々の土壌で、別々の花を咲かせている…という意味を伝えたメモ

11 林政街・林務局宿舎群

- かつてはファサード中央で分割された二コイチ長屋だったのでは？
- 棟も鼻隠しも1列ライン
- 玄関が2つ
- モルタル
- 鼻隠しは同ラインだがつけたい
- 下見板

これまで見て来た宿舎群と異なり、中央のモルタルの切妻ファサードと、左右対称にドアと窓が広がる平屋住宅。これは……もしかして「中央破風を中心線とする二コイチ長屋」の例ではないのか!?　だとしたら貴重だ。いくつかは修復工程がはじまっているようだ。

このタイプがいくつも並び、まちなみを形成している。この図の家がそうであるように、左右両翼の増築部の棟がズレているものがある。これはすなわち、左右別々の所有者、増築時期を示しているのではないか。また、8巷1弄1の家は別格の大型、寄棟、全面南京下見板の仕上げで、居住者の階級が異なっていた可能性をうかがわせる。このエリアのリサーチだけでも、きっとたくさんの知見が得られることだろう。

起源＝欧米的建築様式
＋南亜細亜（南洋）要素

種子

一様　近代建築文化

台湾　昔

花　不一様

気候・雨・民族性

構造・装飾・形状

窓頂

理由がある。

考えて推理する。探偵

将軍府（花蓮市中正路622巷6號／1936年）
日本陸軍の高官宿舎として建てられた木造住宅群。
戦後は外省人[*]の軍人の宿舎として使われ、現在は展
示施設として一部が公開されている。

花蓮港埠頭合同廳舎（花蓮市港口路13號／1938年）
花蓮港の開発・管理のために建てられたRC造2階建て塔屋付き。装飾を排し角を丸くするなど表現主義的モダニ
ズムを感じさせる。現在は警察總隊が使用。

花蓮港廳米崙淨水場（花蓮市松園街8號／1921年）
台湾総督府が整備した水道施設のひとつ。現在は
花蓮自來水園區に。濾過池塔屋など煉瓦造の小さ
な逸品が残っている。見学には許可が必要。

花蓮港山林事業所（花蓮市菁華街10號／1929年）
大正期に設立された花蓮港木材株式会社は後に殖
産局営林署に統合される。背面には南洋風のベラン
ダ（1階部分に下屋を架けたテラス）がある。

郭子究故居（花蓮市民權七街1巷10號）
花蓮高等中学の宿舎群のひとつ。ここに暮らした郭
子究は屏東生まれの音楽家。中華風の曲を作ったと
いう嫌疑で日本の憲兵隊に逮捕されたこともある。

花蓮文化創意産業園區（花蓮市中華路144號／1913
年～）
宜蘭振拓株式会社が大正初期に建設した酒工場の
跡地を大規模にリノベーションした施設。レストラン、
ショップとともに、アート、公演のための空間を備える。

木三鐵店（花蓮市中華路146號）
南京下見板張り、角地に建つ鍛冶屋の工場店舗。現
役で、いまも原住民族のナイフや鎌などを作成してい
る。

第5章　東海岸の旅　～花蓮・台東の日本人の足跡～　　203

多様性ゆたかな花蓮の日
式建築。さまざまなディ
テールが目を引く。

こんな底の持ち送りにもていねいなくり型が

ガラス窓とガラリが組み合わせ！

大屋根の母屋がころんでいる。これはトラス架構にちがいない！

17：10 林政街（りんせいがい）と榮正街（えいしょうがい）の交差点に建つ、 保安警察第七總隊第九大隊花蓮分隊

⑫

の庁舎へ。突出し
たポーチは入母
屋屋根、反りのな
い軒ラインがど
ことなく実直さ

屋根は「瓦風」板金蓋き

バットレスの住屋
コンリキサイディングで補修
いつか板葺いた庭
せたらいいな…

大きくはり出した
三角形バットレス！
この力強さと蔭影！

下見板でていねいに已
み、角は板金で
カバーしている。

を表すようで、警察らしさを感じる。

「出隅の建築」はどの街でも都市景観の要（かなめ）となる。
台中州庁みたいに巨大なものは勿論だが、この木
三鐵店のような小さなものもそれは変わらない。時
を刻んだ南京下見板の風合いが味わい深い、とい
うだけでなく、鉄を叩き、加工し、削るという人間
の手仕事の営みをダイレクトに見て感じられるとい
う点で、この店は花蓮という街にヒューマニスティッ
クな魅力を添えている。

木三鐵店

⑬

by Jun-Fan Lin氏情報

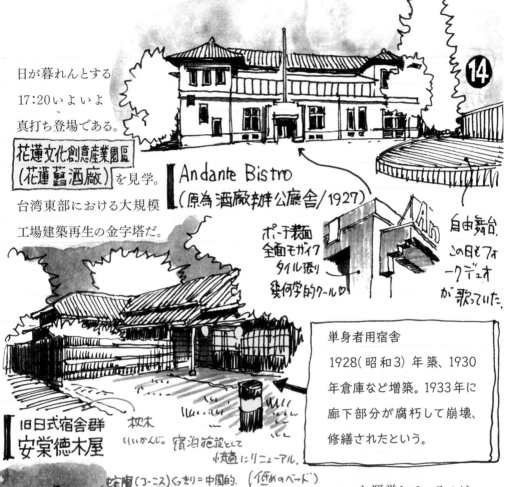

日が暮れんとする
17:20いよいよ
真打ち登場である。

花蓮文化創意産業園区
(花蓮藍酒廠)を見学。
台湾東部における大規模
工場建築再生の金字塔だ。

Andante Bistro
(原為 酒廠辦公廳舎/1927)

ポーチ表面
全面モザイク
タイル張り
幾何学的クール♡

自由舞台。
この日もフォ
ークデュオ
が歌っていた。

■旧日式宿舎群
安棠德木屋

枕木
いいかんじ。宿泊施設として
快適にリニューアル.

蛇腹(コーニス)くっきり=中国的.(低めのベード)

単身者用宿舎
1928(昭和3)年築、1930
年倉庫など増築。1933年に
廊下部分が腐朽して崩壊、
修繕されたという。

これぞ職人技の精緻!
今は使われなくなった
リベット

これぞ機能美
鉄骨持ち
送り.

酒精倉庫・公売局員工餐庁
■**Arrow Tree** 1929/1938

なんと美しいくり型!

ここを運営しているのは、
どこかの子会社、ではなく、
このために設立された法人
であるという。

a/zone

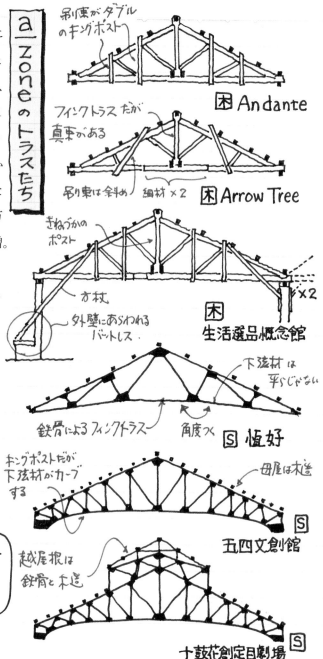

花蓮文創園區 は ROT* に
よる再生事例。土地、建物と
もに国有財産で、15年間、
民間に貸与。2011年から1
年ほどの工期でリノベーショ
ンした。開業3年目くらいか
らやっと経営が安定してきた
という。1年目の来場者5万
人が2年目は70万人に急増。
なぜ受け入れられたのか?
「多様なニーズに応えられる
ようにしたから」という。

a/zoneのトラスたち

別束がダブル
のキングポスト
困 Andante

フィンクトラスだが
真束がある
吊り束は斜め　細材×2
困 Arrow Tree

きねうかの
ポスト
方杖
外壁にあらわれる
バットレス
×2
困 生活選品概念館

下弦材は
平らじゃない
鉄骨によるフィンクトラス　角度×
S 恒好

キングポストだが
下弦材がカーブ
する
母屋は木造
S 五四文創館

越屋根は
鉄骨と木造
S 十鼓花創定目劇場

再生した直後は、市民に
はまだ廃墟だったイメー
ジが強くて苦戦。タクシ
ー運転手もこの場所
を知らなかったんですよ

フォークデュオ
は原住民の
歌渡山
でした

傅 廷暐 副総経理

食（レストラン）はもちろん、アート、木工体験、物販、さらにダンスホールなどのレッスン施設、劇場、ギャラリー、そして外にある自由舞台など。カップルでも親子でもひとりでも、台湾人も外国人も楽しめるようにした。それがトレンドになった理由では……と副総経理・傳さんは言った。19:30まで、傳さん、楊朝涵さんら新開股份有限公司の方々は、ていねいに、快く案内をして下さった。更に林記者、彭さん、李俊賢さんの3人は、私を花蓮夜市へ案内してくれた。屋台の招牌海鮮麺をいただく。

08：00花蓮学苑501号室にて起床。VIP用の部屋をひとりで占有。少年たちが汗を流しているグラウンド越しに海を遠望できる。「ああ今日も晴れていてくれてありがたい」と安堵する。09：00すぎに、彭さんらのアドバイスで、学苑の前に建つ「時光旅人<ruby>時光旅人<rt>タイムトラベラー</rt></ruby>」にて朝食。キリッとしたイケメンのマスターが老屋と対照的。彼が「建物に惚れ込んで手に入れ、再生した」ということを聞き、愛着がいやましに増した。

10：00彭さんとともに林記者の車で出発。今日は花蓮の南郊を廻る日である。

緩勾配のトラス

実は曲げ応力あり？

時光旅人の朝食

マスター 尊榮帯氏

かつて ホテルの レストランのシェフだった。この古屋を気に入って 購入。カフェとした古本屋も OPEN

まずは 花蓮菸葉廠（1913〜）を見学。大正から昭和にかけて建築された、たばこ葉の加工工場跡。各棟毎にトラスの構造が違うが、どれも息を呑むほどに美しい。人智を尽くした合理的構造と、実際に加工した人間の手の「ぬくもり」の共存。大スパンを連続させる、というトラスの真骨頂は、このような巨大な建造物でこそ最も開花される、といえよう。その中のひとつに驚くべきものを見た。木造トラスの陸梁<ruby>陸梁<rt>ろくばり</rt></ruby>がすべて切断されているのだ。ボルトと車知<ruby>車知<rt>しゃち</rt></ruby>で留め

火打ちも 断ち切られてい

外推力

合掌材

添え木

られていた添え板が、真束にフンドシ金物でぶらさがっている。それが千鳥[*]のように
整然と右、左、右……と交互に続く。かつて建築構造の専門家から、「トラスの陸梁
には曲げ応力は生じず、ただ合掌の『股裂き』を防いでいるだけ」との話を聞いたこ
とがあったが、この光景はそれを証明しているよ

うだった。実際、両側の外壁は、
上部が大きく外に倒れているの
だ。もちろん壁を外から支える
バットレスのおかげで倒壊には
至っていないが。トラスの、まさ

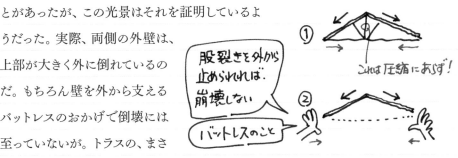

にトラスたるゆえんの叡智が、ギリギリのところで建物を生かしつづけているのだっ
た。奥に並ぶRCの工場も、鉄骨の工場も、どれも「用の美」を静かに語りつづけて
いる。2003年に「国際石雕芸術季」の会場になったという。「百年前、日本の技師や
職人たちが丁寧に造ったからこそ残っているのですね」と彭さんが言う。木造、鉄骨
造、RC造の各時代の構造の変遷を学ぶ上でも、何よりも美しさと壮大さの点でも、
なんとか未来に向けて残って欲しい施設だ。

セメント瓦だがちゃんと
和瓦。鬼瓦を
しっかり。

A ← → B

ヒップゲーブル（はかまごし）と
ハーフティンバーの組合せ

出窓と通風窓。
そに基礎の換気孔の3点セット！

娯楽部？ ❺ CB塀

南京下見板

慶修院（旧真言宗吉野布教所）の工
事閉鎖でちょっとがっかりしていた私たちを、一気に興奮の頂点に導いてくれたのが
この家！ 吉安・中興路355巷の日式宿舎（Yen-Ting Wu 氏の情報）を
見て、思わず声を上げた。端正で、可愛らしい。ヒップゲーブル屋根とハーフティン
バーの組合せは、たとえば尾道（おのみち）など日本では目にするが、台湾ではあまり見たこと
がなかった。ドアがふたつ、中央部にブロック塀の仕切りがあり、後補の下屋も別々
……あきらかにニコイチ長屋であろう。

再び車に乗り南西へ。吉安（きつあん）・華興五街（かこうごがい）に複数ある 菸樓（ベール小屋） のひとつへ。
彭さんらが交渉して内部を見せて頂けることに。1948年に建てられた……とすると、

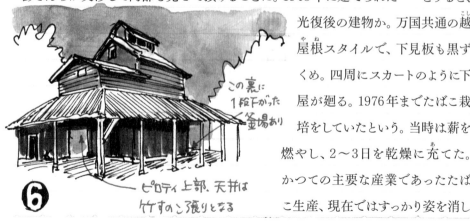

この裏に
1段下がった
釜場あり

❻ ピロティ上部。天井は
竹すのこ張りとなる

光復後の建物か。万国共通の越
屋根（こしやね）スタイルで、下見板も黒ず
くめ。四周にスカートのように下
屋が廻る。1976年までたばこ栽
培をしていたという。当時は薪を
燃やし、2～3日を乾燥に充（あ）てた。
かつての主要な産業であったたば
こ生産、現在ではすっかり姿を消し

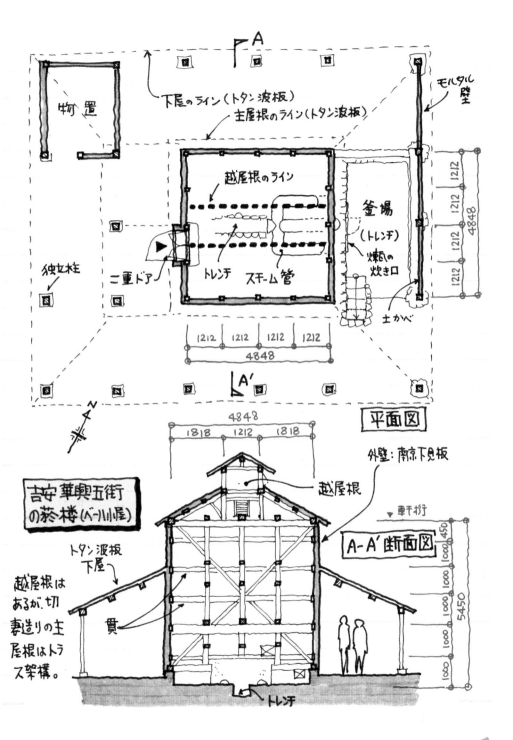

平面図

下尾のライン（トタン波板）
主屋根のライン（トタン波板）
越屋根のライン

モルタル壁

物置

釜場

（トレンチ）
煉瓦の炊き口

独立柱

二重ドア

トレンチ

スチーム管

土かべ

1212 1212 1212 1212
4848

1212 1212 1212 1212
4848

北

4848
1818 1212 1818

外壁：南京下見板

越屋根

吉安 華興五街
の菸楼（ベール小屋）

A-A'断面図

軒桁

トタン波板
下屋

越屋根は
あるが、切
妻造りの主
屋根はトラ
ス架構。

貫

450 1000 1000 1000 1000 1000
5450

トレンチ

たとはいえ、建物が残っているからこそ学べることも多いはずだ。何らかの公的なサポートが、このベーハ小屋にもさしのべられることを期待したい。この、田園の中の「異形の建築」が、どうかいつまでも保存されますように……。

入母屋の破風が大きい（これは日本的な入母屋）

西村の家

玄関庇の「吹き寄せ」
垂木がなんとも雅（みやび）

だけど南京下見板
だからエキゾチック！
日本ではあまり見ない

12:30 吉野移民村の村長西村建之助
（にしむらけんのすけ）
故居 西村の家食堂 で昼ごはん。西村は移民村の最後の村長。お店自体は半屋外のデッキと土間になっていて、日式の風情は主に外観に残る。堂々たる入母屋屋根のバランスはたしかに日本的なのに、外壁は洋風の南京下見板（雨淋板）（うりんばん）という組合せに私は「台湾風」を見る。❼

入母屋　切妻屋根　寄棟（よしむね）　入母屋

ドイツ下見板

❽ 花蓮農場招待所
森山松之助設計で、1912年つまり大正元年の作品。

ベランダ　池　高い基礎と換気口

タイル

上品♡

珍しい!

洗い出し.

玄関ポーチの柱.　ドイツ下見板

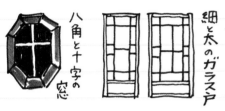

八角と十字の窓

細と太のガラス戸

ありとあらゆる建築言語（ボキャブラリー）が凝縮した名品。まず屋根は、切妻・入母屋・寄棟の3つが揃う。一方で出窓が少なくて「あれ、台湾らしくないな」と逆に違和感を覚えるのが可笑しい。時代が早かったせいだろうか。南洋的なベランダ（デッキ）が正面から見て左側にのみ付く。さりげない上品さはドイツ下見板のおかげか。何よりも出入口が建物の短辺にある、というのが珍しい。森山の北投（ベイトウ）温泉博物館（1913年）とどこか似ているぞ、その「ごった煮」感が、そして異質な要素をまとめあげる力量が。この建築を教えてくれたEraさんに感謝。

❾ 壽興街の日式住宅　壽興街の日式住宅は「医師の寓所」とのこと。Yen-Ting Wu氏の情報による。すでに屋根は無惨に崩落、全身をツタに覆われているが、黄色に塗られたファサード、L型の出窓、庇（ひさし）の腕木と吹き寄せの垂木に、ハイカラさをめざしたデザインの意志が今なお息づいている。

吹き寄せの垂木.

幾何学的な腕木

14:00かき氷屋さんで一服。まさに氷こそが一番身体を冷やしてくれる。

アイスクリームはおまけだよ

洛神花

花蓮壽豐 春虫 冰工場

芋.

黒糖

火龍果 ピタヤ

うまい!

再び南下をつづける。道すがら、キリスト教会を多く見る。日本統治期には伝道と医療奉仕に努めた井上伊之助（いのすけ）が、そして戦後は各宗派が力を入れて布教を進めた影響で、原住民族のコミュニティでもキリスト教は深く浸透している。
14:15 豊田移民村に着く。

⑩の下屋の端のトラス。

継手が真束の直下にあり、2本のボルトで吊る。（フンドシ金物は無し）

豊田 警察廳舍（壽豊鄉文史館）⑩

ユニークな架構を見る。これはファサードのプロポーションも独特で、出入口は左端に、また広い吹き放ち土間を右側に持つ。どうしてこういう形になったのだろう。

一方、指導所事務室は可愛らしい洋館。取り外した古いトラスの現

きねづか

平斧の手仕事の痕！

優雅な持ち送りのカーブ ⑪

豊田村移民指導所事務室

物が裏庭に展示してあり、トラス・ファンの心を沸き立たせる。特にそれは、上下が妻側にも張り出す「きねづか」になっているので、これが寄棟の起点に使われていたものであることが知れる。また、セメント瓦ではあるが古いフランス瓦もサンプルが保存されている。せっかくだから、トラスの解説板を置いてほしい！

この部分→

こちらはノーマ

しび

実はこのあたりも日式建築が多い。右の建物を見ているとき、バイクに乗った女性が話しかけてきた。

豊田村農宅建築 by yen-ting Wuさん

これはまことに美しい。立ち上がりの基礎は割れ、まさに崩れんとしているのに、深い入母屋と庇のディテール、欄間建具にも

羅 義妹さん(73)

「手を抜かない」誠実な手仕事の痕跡が見てとれる。鴟尾は中国風、入母屋の破風も大きく日本的だが、南京下見板はしっかりと洋風デザインになっている。

日式なら近くにまだあるよ。ついておいで!

「もしとなりがバクチうつなら、おしりを打て」ってことわざがあるよ。昔、近所から日本の内地に嫁に行ったが「台湾娘はいらん」と送り返された女性がいたよ

わしは終戦の時8歳だった。光復の時の雰囲気？子どもだったから何もわからなかった。日本人の友達あまりいなかった。別々に暮らしていたから

わしは客家人じゃよ

江接均氏(81)

【戦争時代のこと】

日本人はずるくてひどいこともした。警察署の前を歩いていた台湾人が、挨拶しなかったという理由で「ちょっと来い」と殴られていたのを見た。だが、台湾人だって、引き揚げる日本人に「土地を買うよ」と言っておきながら最後まで払わない。そんなひどい人もいたんだ。いい人も悪い人もいたよ

花蓮
の建築
その2

林田山林業文化園區（花蓮縣鳳林鎮林森路99巷99號）
1918年に花蓮港木材株式会社が山林開発を始め、
以降林業の拠点として発展するも1988年に廃業。
2006年に歴史聚落として保存決定。

禾田野（花蓮縣壽豐鄉中山路121巷2號）
日本からの移民が入植した豊田村はサトウキビ生産
が盛んで、ここは砂糖工場の宿舎だった建物。イタリ
アンの食堂に再生。

花蓮農場招待所（花蓮縣
壽豐鄉大同路2號／1921年）
もと製糖工場所長の宿
舎。森山松之助設計。
腰壁はドイツ下見板張り
とし、入母屋・切妻・寄
棟が混在する。庭園とと
もに修復された。

花蓮觀光糖廠日式住宅群（花蓮縣光復鄉大進村糖廠街19號／1936年頃）
1921年に鹽水港製糖大和工場が建設。2002年操業停止後、観光農場に。多種多様な日式住宅が敷地に残る。

旧玉里信用組合（花蓮縣玉里鎮中華路179號／1930年）
地元の人士5人が設立した金融機関で、後に玉里街農業会に。基部を洗い出しとしシンプルな装飾を持つ。下の写真は隣の遊客服務中心で、煉瓦造平屋で放射型バットレスを持つ。

花蓮のベーハ小屋（花蓮縣吉安華興五街）
日本統治時代から台湾の各地で葉たばこの生産が行われていた。正方形平面で切妻屋根、越屋根を載せる典型的な乾燥小屋が残っている。

旧璞石閣警察官吏派出所（花蓮縣玉里鎮中山路二段174號／1899年）
明治時代、統治初期に建てられた警察宿舎で和風のデザイン。カフェとして再生されている。

先生 どうすぐリフォーム予定。でも
オリジナル部分はきちんと残します！

豊裡国民小学 講堂 ここでは、台湾語に
よる児童演劇のレッスン真っ最中。台湾語は
福建（閩びん）南部のルーツの言語、閩南語のひ
とつで、戦後に国民党政権が北京語を強制
するまでは多くの台湾人にとっての母語だった。

1980年代までは学校でも使用が禁止されていたこともあ
り、若い彭さんでも理解できないという。ネイティブの

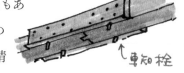

↑車知栓

話者は減っていても、こうして継承されているのは素晴
らしい。みどころはやはりトラスだ。トラス陸梁(ろくばり)のジョイントはちゃんと左右左右と
「千鳥」になり、車知栓は少しとび出している。各々の部材が、役割を果たしているか
らこそ、巨大なキングポストトラスが子どもたちを
ずっと見守ることができているのだ。豊田の集鮮(ジーシェン)

どうぞ

茶店で紅茶をいただき、日の落ちた花蓮に戻る。
17：30荘太太家常現炒小吃(ジョンタイタイジャチャンシェンチャオシャオチ)で夕食をいただく。

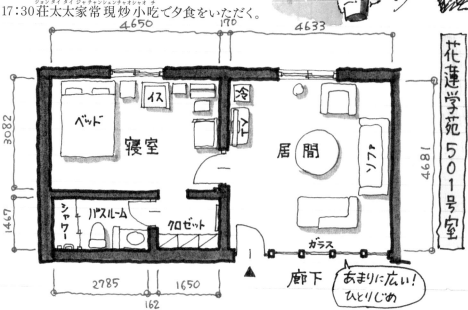

あまりに広い！
ひとりじめ

林加昌課長の紹介により泊めて頂いた 花蓮学苑 のVIPルーム501号室にて08:30起床。お礼を言わねば、と思っていたところに、総幹事・李章文（りしょうぶん）さんがいらしたのでご挨拶。2泊お世話になったこの花蓮学苑は、学生たちの寄宿舎のような

使われ方をしていて、それなりに年季が入っているのだが、そのデザインは前衛的で斬新、よくぞここまで未来的なファサードを作ったものだ、と感心する。まるでウルトラセブンのキングジョーのようだ。

ローマのスペイン階段を思わせる大階段もユニークで、ロの字型の中庭はほとんど階段で占められているといってよい。それは必然的に後部に大きなVOID（がらんどう）を生むが、その半地下の「三角形」の空間は窓のないスタジオになり、現に昨夜はここで若者たちがダンスレッスンに汗を流していた。

このまま動き出しそう！

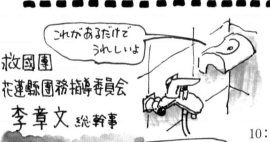

これがあるだけでうれしいよ

救國團
花蓮縣團務指導委員會
李章文 総幹事

いちばん広い部屋をご用意しました。ゆっくりお休みになれましたか？

09:30今日は黒い大型のワゴン車で林記者（更生日報）、彭さん（花蓮県観光処）らがお迎えに。花蓮県最南部、最後の旅へ。

10:30 林田山林業文化園區 着。林業という、花蓮の発展（植民地支配下での、という意味だが）の跡を見るということと、「ルート上だから」という思いでコースに入れてもらったのだが、これが強烈に見ごたえのある場所であった。特に建築物の多様さにおいて、である。トロッコのレールも復元され、大自然の中で歴史を学べる。

ここに残る長屋のパターンは、その多様性、そして意匠の豊かさは、さながら建築野外博物館のようである。しかも、今なおそのいくつかには住人が暮らしているというのだから、リアリティも申し分ない。

Aタイプ

Bタイプ

Cタイプ

こんなところにキラリと光るデザイン！

発現了嗎？日人建房個世紀的歳月洗礼頂，洋灰瓦較常見疊疊方式就像魚鱗這是十九世紀間発経験呢！在此，於你我

光復後、1950年代から林業成長期、社宅や公共施設を増築するも、1988年には閉業、その後は荒廃。しかし、林業職人の子孫たちが「残そう、もったいない」と声を上げ、2003年頃から修復が進み、2006年に花蓮県政府が「歴史聚落(しゅうらく)」として公告した。

そして入母屋であってもトラスである！

林場懷舊館

1954年。光復後の建築だからだろうか。入母屋の破風がずいぶん小さく作られている。

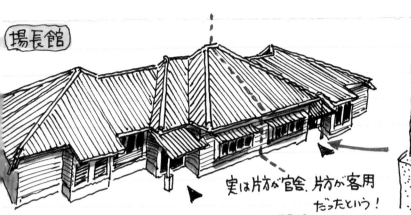

場長館

紗綾紋

玄関ポーチの柱

洗い出し

実は片が官舎、片方が客用だったという！

子的通則？　這裡的日式木造屋舍雖歷經大半乃完好可以使用。尤以屋頂為最，均為斜屋且將杉木板一片片重疊釘在外牆以防雨水；排列，故稱它「魚鱗板」，俗稱「雨淋板」。北海道時，曾向加拿大與美國吸取木造建築的曾提醒您，建物遺址的維護與珍惜，瑞頓同的努力。[冬暖夏涼的家·建築特色]

施設の責任者の居宅、場長館（じょうちょうかん）は、高級官僚用なのにニコイチ長屋。でもディテールは美意識満載。

Dタイプ

アミ族
タロコ族
の人多い

1960年ころ
2000人が
住んでいた

だからキリスト教会多い？

その中に、再生前の「ビフォアー」写真が展示されていた。その多くは本当にひどい状態。「甦るはずだ」と信念をもって再生した関係者の熱意に、私は敬意を表したい。

ぼくは広島大学に留学してました。因島にも行ったんですよ！

親切で勉強熱心なガイド、劉氏。分からないことはすぐに調べて答えてくれた。日本語で！

劉家宏氏

12:15光復站前の定食屋で昼食。実は以前、林記者が『更生日報』で記事にしたことのある店。豚角煮とメンマのご飯。シンプルな中にある深い味わい。「愛される駅前食堂」の記事の通りだ。江さんは台鉄で駅長（東竹駅）を務めた人でした。
とうちく

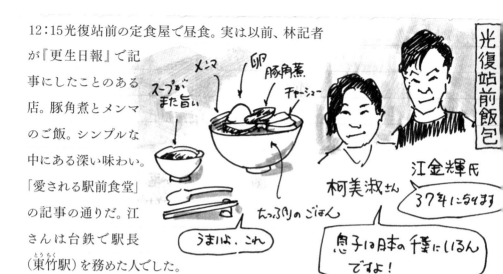

メンマ

スープがまた旨い

卵 豚角煮

チャーシュー

たっぷりのごはん

うまいよ、これ

光復站前飯包

江金輝氏

37年になります

柯美淑さん

息子は日本の千葉にいるんですよ！

光復站前に 日式宿舎を発見！②

12:40 花蓮鹽水港製糖大和工場 ③

日式宿舎を訪ねる。これもすごい！　ニコイチ長屋は、こんなにも多様で美しい表情を見せるのか！　もちろん高級官舎もある

のだが、この工場の宿舎のニコイチは、その贅沢なまでの庭の取り方に特色がある。そのパターンは、官舎の標準に拠っただけ
よ

なのか？　それとも誰かが、この敷地のそれぞれの場所で、もっとも美しい宿舎の在り方を考えた結果なのだろうか？　私は、きっと後者であるにちがいない、と思う。

台湾ではこれを
柚子と呼ぶ！
美味也！

まちを美しくしたい、という強いメッセージを感じるからだ。▶花蓮大豊では、めずらしい**4連長屋**を見る。

玉里
信用組合(1930)

実はこれも、Yen-Ting Wu氏が「臺九線258K処日式建築」としてアップしていたもののようだ。「外観類似長條状日式宿舎、歴史背景待査」とある。

外部は煉瓦が見えるが、構造はRCと思われる。2階建てで出の深いコーニスが頂部をぐるりと廻る。そこに、ズラリと並んだ**歯飾り**（デンティル）が深く陰翳を形作る。半円アーチと洗い出しの外壁。折衷様式と新古典様式の

持ち送りを
兼ねたデンティル

洗石子

道中で見た墓所。亀甲墓のように内部空間がある。

ミックス、と説明板。願わくは、タイルや建具などを適切に修復してほしい。気になったのが、北隣の建物。**煉瓦+トラスの建物**コーナーから45度で取りつく対角バットレスがなんとも力強い。ちらりとのぞいたが、内部は

がらんとしていた。「遊客服務中心」という看板あり。

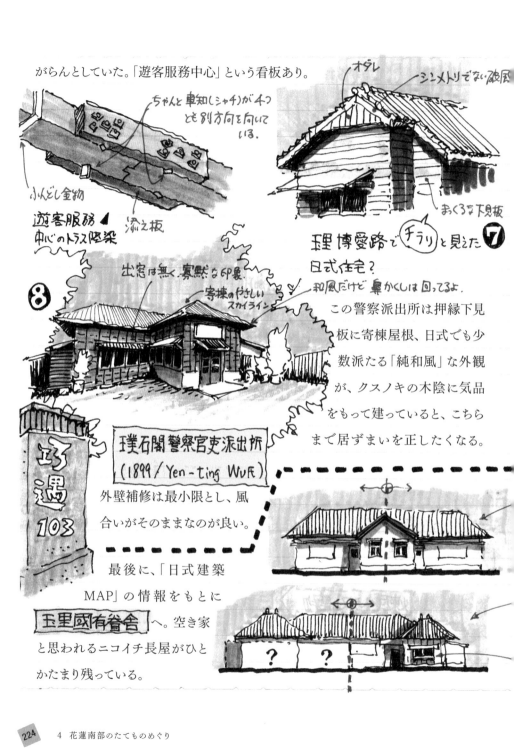

ちゃんと車知（シャチ）が4つとも別方向を向いている.

オタレ

シンメトリでない波風

ふんどし金物

添え板

遊客服務▲
中心のトラス陸梁

まぐろ下見板

8

狸博愛路でチラリと見えた 7
日式住宅?
和風だけど鼻かくしは回ってるよ.

出窓は無く、寡黙な印象。

寄棟のやさしいスカイライン

この警察派出所は押縁下見
板に寄棟屋根、日式でも少
数派たる「純和風」な外観
が、クスノキの木陰に気品
をもって建っていると、こちら
まで居ずまいを正したくなる。

璞石閣警察官吏派出所
(1899 / Yen-ting WuR)

外壁補修は最小限とし、風
合いがそのままなのが良い。

巧遇 103

中

最後に、「日式建築
MAP」の情報をもとに

玉里國有眷舎 へ。空き家
と思われるニコイチ長屋がひと
かたまり残っている。

? ?

中

玉里国有眷舎も形が異なるものが混在。驚くべきは、ここまで「荒れて」「不規則な増築がされて」いても歴史建築に登録してしまう、という台湾の、あるいは花蓮県文化局の積極的な姿勢である。

もし日本だったらどうだろう？「きれいに直してからもってきて」

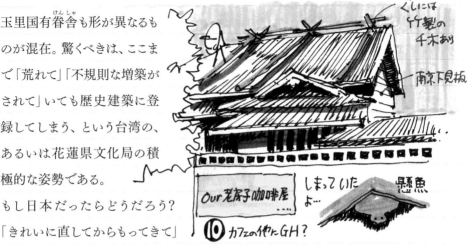

*ぐしには竹製の千木あり

南京下見板

Our 花房子咖啡屋 ……

しまっていたよ…

懸魚

⑩ カフェの件たGH？

と言われるだろうか。「所有者の意志を確認して」とつき返されたりしないだろうか？ここに台湾の先進性、そして切迫感を見る気がする。それで、今後、これをどうしたらいいか？　たとえば、日本人観光客が玉里に来るときに、どう紹介する？　建物の魅力、文化財的な価値をいかにアピールする？　しかし、はたと気付く。そんな「困難な問い」を抱けるのも、「まずは歴史建築にしてしまって、保存する決断」を下したからなのだということを。14:20 丘の上に建っていた 玉里神社遺址（県定古蹟） を、

中央に1つの妻面を持ち、をのセンターで2世帯に分かれる(であろう)タイプ。屋根は寄棟、中央のみ切妻。

⑨ ———————

両端に妻面をもち、中央を胴長の寄棟でつなぐタイプ。押縁下見板で「和風」のよそおい。窓

しびは中国風

【林務局玉里國有眷舎】歴史建築公告表
…本眷舎為林務局職員小型眷舎. 為日式木造建築, 除因生活需求局部増建外, 大體維持其原建格局 、構造與風貌, 為林業與玉里開発之物証, 具建築與林業、都市発展史等相関文化価値, 應予保留。
(中華民國 96年 11月7日) …とある。実は光復後の建築であるが. 2005年に歴史建築となっている

私だけが見学し、下山。崩れたコンクリートの残骸だけが、四角い敷地にまとめられている。そのいくつかには植物紋のレリーフが認められた。

廣盛堂羊羹

快適なドライブ！運転してくださった
蘇江鴻氏
（人鼎旅行社）

玉里名産
廣盛堂の羊かん

彭さん林記者はじめ、
よくぞ3日間も付
き合ってくださった！ 感謝を
胸に特急・普悠瑪425次に乗り込んだ。

ワタナベさん
3日間
おつかれ
さま

李俊賢氏　林昀融記者
（花蓮県政府）（更生日報）

彭暄さん
（花蓮県政府）

花蓮～知られざる
日式建築の宝庫
Y.Watanabe

```
2016.10.05    臺灣鐵路局    訂刷網
自    強 T.C.Ltd Exp  425 次
玉    里 Yuli        →花    蓮 Hualien
14:52 開            15:57 到
2 車 38 號          Car. 2 Seat. 38
普悠瑪 Puyuma Exp

NT$189元
513A05-0140-207      限當日當次車有效
```

⑪豊田村移民指導事務
⑫豊田村農宅建築
⑬豊裡國民小学講堂

- - - - - - - - - -

■2016年3月採訪分
・花蓮福住橋 ・花蓮鉄道園
・鉄道文化園區（1932）
・花蓮港鉄道路官邸
・糖廠招待所（?）
・羽鳥医院CAFE・搾
・米崙浄水場 水錶室

```
2016.10.05    臺灣鐵路局    訂刷網
自    強 T.C.Ltd Exp  229 次
花    蓮 Hualien     →台    北 Taipei
16:32 開            19:00 到
4 車 27 號          Car. 4 Seat. 27
普悠瑪 Puyuma Exp

NT$440元
513A05-0145-664      限當日當次車有效
```

砂糖 / 材木 / 酒 / たばこ

私たちは3日間の旅で、これら花蓮の基幹産業をぜんぶ見たんですよ！

花蓮県

秀林郷　タロコ国立公園　新城郷　花蓮市　吉安郷　寿豊郷

吉野村に最初の移民　コメと天皇に献上　海洋公園

鳳林鎮　客家が多いまち　光復郷　豊濱郷　瑞穂郷

北回帰線　紅茶・コーヒーと。　舞鶴という村！　玉里鎮　富里郷

■花蓮市街地 (10/3)
① 台肥海洋深層水園區
② 検察長宿舎 (1936)
③ 花蓮港埠頭合同庁舎 (1940)
④ 台肥招待所
⑤ 時光1939
⑥ 花蓮高等女学校宿舎 (1929)
⑦ 花蓮港山林事務所 (1929)
⑧ 吉光片羽
⑨ 南邦農業統制株式会社
⑩ 郭子究故居＋高中宿舎群
⑪ 林政街・林務局宿舎群
⑫ 保安警察花蓮分隊
⑬ 木三鉄店
⑭ 花蓮文化創意産業園區

■鳳林鎮 (10/5)
① 林田山 林業文化園區

■光復郷 (10/5)
② 站前の日式住宅
③ 製糖大和工場宿舎群
④ 四連長屋

■玉里鎮 (10/5)
⑤ 玉里信用組合 (1930)　⑥ 遊客服務中心　⑦ 住宅
⑧ 璞石閣派出所　⑨ 国有脊舎　⑩ ○○老房子 咖啡屋

■吉安郷 (10/4) 寿豊郷
① 花蓮菸葉廠 (1913〜)
② 吉野駅副長宿舎
③ 吉野貨運行　④ 慶修院
⑤ 中興路の日式宿舎
⑥ 華興路の菸楼
⑦ 西村の家
⑧ 花蓮農場招待所 (1912)
⑨ 嘉興街の日式宿舎
⑩ 豊田警察庁舎

○林移民村警察庁
○花蓮港放送局
○○兵事部
○○池＋消毒井
○禾田野
○林坊油庫
○林菸楼

宜蘭
の建築

宜蘭美術館（宜蘭市中山路三段1號／1928年）
台湾銀行の宜蘭支店として開設。県政府が取得して
2014年に美術館にコンバージョンした。

宜蘭酒廠禮堂（宜蘭市舊城西路3號／1926年）
紅老酒で知られた宜蘭製酒公司を日本は専売制に
組み込み、宜蘭製酒株式会社とした。これは地下に
発酵室を備えた集会施設。縦長窓頂部のアーチや
庇の持ち送りに洋風デザインを見る。

舊宜蘭酒廠行政室（同
／1928年）
専売局宜蘭出張所とし
て建設された総2階、寄
棟の事務所棟。水平目
地を躯体に彫り、中央に
シンボリックな窓付きの
ペディメントを付ける。
現在は台湾菸酒が使用。

舊宜蘭監獄門廳（宜蘭市神農路二段117號）
1896年に日本は宜蘭に監獄署を置いた。その正門兼事務室として建てられた木造平屋の洋館で、寄棟造り桟瓦葺き。歴史建築に登録。食堂として再生。

宜蘭設治紀念館（宜蘭市舊城南路力行3巷3號／1906年）
行政長官となった西郷菊次郎（西郷隆盛の子で初代宜蘭縣長）の官邸として建てられた洋館付き住宅。

宜蘭文学館（宜蘭市舊城南路縣府2巷19號／1906年）
かつての農林学校校長宿舎。珍しく押縁下見板で仕上げた純和風住宅。内部は畳の和室を復原している。カフェも併設。

宜蘭菸酒賣捌所（宜蘭市康樂路38號／1938年）
日本政府は専売制を敷き、1920年からたばこ・酒の売り捌き店舗を指定した。これはそのひとつで木造2階建て。県定古蹟に指定。カフェなどに活用されてきた。

旧陳土金醫師邸の日式住宅（宜蘭市和睦路22號／1935年頃）
2階建て切妻の住宅。1階はRC造、2階は木造で南京下見板をまとう。ドア上のペディメントや丸窓、円柱がユニーク。

舊宜蘭戯院（宜蘭市康樂路69號／1933年）
カーブした立面をもつアールデコ建築で、地元人士が出資・設立した旧宜蘭座。のちに宜蘭戯院と改称。廃屋化しており、保存を求める声が上がる。

思源機堡故事館（宜蘭市金六結路560巷／1940年代）
太平洋戦争末期、特攻隊の出撃拠点となった宜蘭には、14基の機堡（掩体）が残る。カマボコ状のコンクリート製格納庫で、一式戦闘機「隼」や三式戦闘機「飛燕」などが配備されていた。

五福診所（宜蘭縣羅東鎮中正路108號／1920年）
日本人医師が開設した木造平屋の「清野医院」で、戦後に陳五福が継承し改称。中央玄関に懸魚付きの切妻を、両翼にヒップゲーブル屋根を張り出す。眼科として現役。

南機場八角塔台（宜蘭市宜科路312號／1943年か）
市内には南北2つの飛行場があった。南機場の滑走路脇に建てられたコンクリート製の指揮所遺構。壁厚は1.3m。歴史建築登録。

老懂文化館（宜蘭縣羅東鎮四維路5號／1927年）
羅東女子公学校の校長官舎として建てられた木造平屋・寄棟桟瓦葺き、南京下見板張りの住宅。

二結穀倉稻農文化館（宜蘭縣五結鄉三興西路171號／1928年）
信用組合の倉庫として建てられた煉瓦造建築。内部は精米所、農会事務所、穀倉からなる。県定古蹟に指定され展示施設として公開。

新長興樹記（宜蘭縣頭城鎮城東里和平街121號／1932年）
頭城老街に残る亭仔脚を持つ煉瓦造街屋。福建省から渡った陳家の兄弟が改修したもの。道路側に店舗、奥に住居を配する。

盧纘祥公館（宜蘭縣頭城鎮和平街139號／1928年）
戦後、初代民選県長を務めた盧纘祥の自邸。入母屋屋根に半円ドーマー窓が載る。ポーチの大アーチと両翼のヒップゲーブルの小屋根が特徴。

羅東林業文化園區・竹林駅舎（宜蘭縣羅東鎮中正北路118號）
三大林業地のひとつ、太平山林場からの伐採集積地として羅東は発展した。貯木場が保存され文化園区に整備された。森林鉄道の駅が保存されている。

第 6 章

首府の景観・伝統と変化
～台北・基隆のまちなみ～

台南府城が清代から続く古都ならば、台北は日本の統治とともに発展した首府であった。古い城壁が取り壊され、総督府の官庁群、日本人官吏や台北帝大の教員のための住宅が次々と建てられた。さらに商店建築は閩南と日本の独自の折衷を生み、その多くはいまも街のいたるところに残っている。日本との航路の玄関口、商港・軍港として栄えた基隆には、抗日闘争だけでなく戦後の厳しい事件の記憶も刻まれていた。そんな人びとの痛苦の想いもまた、歴史的建造物が継承する物語のひとつである。

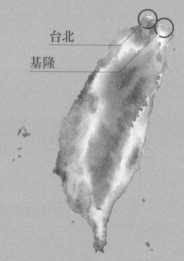

台北

基隆

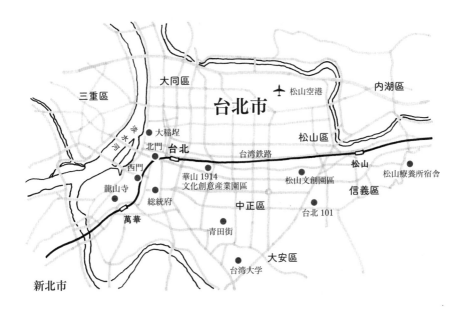

三重區

大同區

台北市

✈ 松山空港

内湖區

松山區

台湾鉄路

松山

松山療養所宿舎

大稲埕

北門 台北

西門

台北

華山 1914
文化創意産業園區

松山文創園區

信義區

龍山寺

総統府

中正區

台北 101

萬華

青田街

大安區

新北市

台湾大学

和平島

正濱漁港

基隆正濱漁會大樓

海港大樓

市長官邸

陽明海洋文化藝術館

基隆要塞司令部

要塞司令官邸

基隆

義七路官廳舎遺址

林開群宅

基隆市

許梓桑古厝

田寮港衛生所跡

台湾鉄路

モダニズムと クラシック の融合

そして ここには 和瓦が！

行政大樓

09:20板橋区の府中駅からMRT
板南線で善導寺下車、歩いて
台湾大学法学院（だった建
物）へ。正面脇の愛らしい
ヒップゲーブルの警備室は、

台湾大学教授 邱榮舉博士

輔仁大学 劉碧蓉博士

黄毓婷博士 交通大学博士

新城警邸宅府

第一教室棟

（大門、礼堂、大樓とともに市定古蹟に）

これだけでも見ごたえのある作品
だ。門前で邱榮舉博士らと合流する。
すでに機能移転して閉鎖された校
区内を案内していただくのだが、
「（台湾大学で）邱先生の
授業も履修していました」と
いう黄さんと邱先生の話がもり
上がり、その合間に私は建物をス
ケッチする。お二人の話題は、戦
後の大学をめぐる白色テロの歴史
をたどっている。ここはかつて
「高等商業学校」だった建物。古
典主義の上にモダニズムのスパイスを適度に散らし、品格とともにどこか軽やか
さをまとっている。

台湾文藝復興

リン メイスー
李梅樹の絵.

徐州路

教員休息室に掲げられた扁額には、邱先生のルネサンスに向けた熱い思いが込められている。1990年代の民主化の息吹の中で。

塀に刻まれた詩句にも邱先生の思い入れが感じられる。

校園守護犬

狗(のら犬)

ぼくのお墓もあるんだよ

邱先生の車で軍司令官官邸のレストラン「陸軍聯誼廳」へ。道に対して斜めに建つ。洋館部の、南京下見板の「スカート状のひろがり」や塗り壁との組合せに「森山松之助らしさ」を見る。南の庭には、白虎、青龍……が配される。

孫立人将軍官邸(1907)での昼餐

ここがすごい!

三連の半円アーチに、蜘蛛の巣みたいな深い溝、そこに縦に匙面（さじめん）を取り、そのエッジにはさらに直角入隅の面を刻んでいる。そしてそれ自身が洗い出し!

建築としては文化資産的に保存された部分と、大胆にガラスで増築したレストランゾーンが潔く同居する。魚、野菜、スープ、鶏肉ピリ辛あえなどどれも手間をかけた一流の味。食事中に偶然、

私が将軍官邸の支配人です

巨昌熙氏

上水流先生、津村あおいさんと合流する。

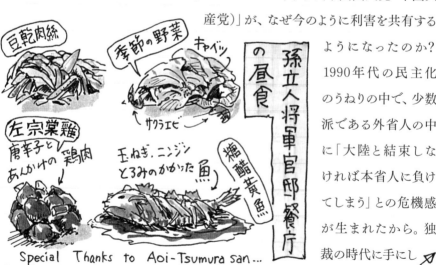

輔仁大学の劉先生の回想

▶私もかつては孫文と蔣介石を尊敬し、信奉していた。1975年4月、蔣介石が没した時は私も泣いた。小学校の教員を辞めて1987年に日本に留学。長く続いた戒厳令の最後の年だった。その後、孫文の記念館で働きはじめ、台湾の苦悩を知ることになる。学校の先生も、企業や地域の指導的立場の人も、みなKMT*に入っているのがあたり前で、社会の隅々まで組織的に与党に投票するシステムになっていた。▶ところで、「水と油」だったはずの「国・共（中国国民党・中国共産党）」が、なぜ今のように利害を共有するようになったのか？1990年代の民主化のうねりの中で、少数派である外省人の中に「大陸と結束しなければ本省人に負けてしまう」との危機感が生まれたから。独裁の時代に手にし

15:30より、台湾大学キャンパスにて

台日文化交流教室 Vol.20

のスピーチ。百余名の学生・市民に聴いて頂く。彰化北斗の林さんファミリーも！

おみやげです

からすみ

王培營氏　林瀛洲氏　林友蘭さん

彰化北斗の移民指導員宿舎 2019 5/26

新生南路

枝門古蹟

台湾大学

校史館

プール

酔月湖

代々餐

図書館

文学院　土木工学館

森林系

普通大樓

物理文物館　行政大樓

文学院・日本研究中心

林佳辰さん（通訳）　林立萍教授

お刺身がありました

ていた「かつての栄光」を失う怖れは、軍人や公務員に、より強く生じた。そして「台湾人の政権（になること）」「独立派」と対決する必要から中国に接近していったのだ。そこでの利害は共通だから。▶私の祖父は皇民化教育を受け、戦後は小学校教員に。その祖父は亡くなるまで「日本のままが良かった」と語っていた。また、祖父の弟である大叔父は、京都の旧制高校から九州大学医学部に進み、北九州で胃腸科の医者を

戀樹下

EDITORS
BOOKS & CAFE

台北市温州街24號　02-23693333　書店｜咖啡｜出版｜典藏文創温州街門市

09:00 「青田七六に集合。」 12月25日から3月1日まで、ここで拙ノート展を開催中。パネルには私が出会った方のコメントが。基隆で現場を案内してくれた建築士は「突然訪ねてきた日本人、言葉も通じない。でも同じ文化財を守る人間だから、現場に来て図面を見たら一瞬で話が通じた」など。▶水瓶子さんの主催で、10:00から青田七六にて講演「フィールドノートと台湾の旅」。20人超の方々が和室の畳の上で聴いて下さる。11:10まちあるき開始。青田

「渡邊義孝的 日本時代 家屋紀行 手稿複製展」
2019 12.25 / 2020 03.01

「慢歩 昭和町 まちあるき」

前頁より

やって数年前に亡くなった。私（劉先生）が熊本に留学中には世話になった。実はむかし祖父は大叔父のために密かに学費を日本に送っていた。白色テロの時代、見つかれば祖父の命も危なかった時代に。「その時の恩をお前に返すのだ」と大叔父は私に言った。▶九州で「夏休みにまた来るね」と言うと大叔父は「待てるだろうか……」。そして彼は日本で没した。私は遺骨を台湾に戻すか、と考えた。しかし彼はこう言うだろう。「私はもう台湾人じゃない。『日本人』として生まれ、日本語を話し、九州で帰化したのだ。だから日本人として死にます」と。▶しかし私は、彼の洋服を一着だけ日本から台湾に持ち帰って、劉家のお墓に入れた。大叔父の人生は、近現代の台湾と日本の歴史のひとつと言えるでしょう——「輔仁大学・劉碧蓉博士の回想」は、孫立人将軍官邸の昼食会での、忘れがたい肉声のストーリーであった。

茶館では頼さんに内部を説明して頂き、和合青田ではお茶のサービスを受ける。そして2016年に焼損した姿を見た大院子は、高級なレストランに再生されていた。

■■ 青田七六

旧日本海軍招待所のはずだが、こんなに美しくよみがえったとは！　12:20までまちあるきを楽しみ解散する。水瓶子氏、高彩雯さん、栖来ひかりさんと共に、欒樹下カフェへ。静かな読書空間でもあるここで、シチューセットをいただきながら、水瓶子さんの話を聴く。青田七六に住んでいた足立仁教授の教え子の星野氏が先日、台北に来訪、その時足立先生のノート（1958年）を見せてくれた。当時、彼は「民国人」と「台湾人」を区別して認識していたことが分かる。

足立仁のノート（'58）
日本人…日本酒好き
民国人…紹興酒
台湾人…小米(粟)酒

新北市板橋區府中の億苑ホテルにて07：30起床。低価格の宿が多いので、私は台北中心部ではなく「板橋府中」を宿泊の場として選ぶ。MRT板南線を使えば都心へもすぐだ。ただ机と椅子、そして照明器具については「はずれ」も少なくない。夜のノート作業は大切だから、ついハンバーガーショップやカフェに行く。「台湾まで来てバーガーショップか？」と思うけれど、

> 個人のカフェの多くは、こうした政治的なステッカーを配っている。原発反対や性差別、婚姻平等などを

●講座／慢歩昭和町：
2019.12.28 / SAT 10:00～12:1◯
(當日講座活動名額有限需先網路記◯

纜樹下
ビーフシチュー
ランチ

ステッカー

スムージー　サラダ　ポテトサラダ　シチュー　ライス

イチゴケーキ

前頁ヨリ

台湾では、書店にイベントの費用を補助することで、出版文化を支えているという。「蔡英文政権になって原住民の権利回復は進みました。でも1895年からの50年間（日本時代）にもっと向き合ってほしい。日式建築にまつわる歴史を掘り起こし、次代に継承していくことは、台湾人の大切な仕事です」と。小さな書店が元気でいることは民主主義にとっても大切だ、とも。

THE BIG
ISSUE
TAIWAN

International
Network of
Street Papers

The Big Issue Taiwan

台北迪化街・阿嬤家
（和平與女性人権館）

消防署

迪化街

レインボーフラッグあるも
今日は休館のよう.

適切な高さのデスクと椅子、手暗がりが生じない均一な照度のライトなど……「夜の書き物」をする上では、こういう場所はありがたい。時には水彩絵の具をテーブルの上に広げる。オシャレなカフェでは、なかなかこうはいかないのだ。▶萬華へ行き、片倉佳史（よしふみ）さんの著書『台北・歴史建築探訪－日本が遺した建築遺産を歩く』で「いつ取り壊されてしまうかわからない」と書かれていた旧朝北（ちょうほく）医院を見る。仮囲いは取り壊しではなく、修復のためだと信じたい。

咸（鹹）花生
SALT PEANUTS CAFE

台北・朝北医院

防注北朝

再生のための工事?

台北
の建築
その1

台湾大学行政大樓（台北市大安區羅斯福路／1927年）
かつての台北帝国大学の農林専門部。赤煉瓦の躯体をあらわしとするが、上下階揃えた縦長窓で分節されリズミカルに見える。暗灰色の瓦の寄棟屋根とコリント式のジャイアントオーダーが特徴。

台湾大学正門・守衛室（台北市大安區羅斯福路四段1號／1931年）
淡水で採掘される唭哩岸石（石英砂岩）を積んだ門と守衛室。台北帝大時代に建設。この石は現在採掘禁止のため古蹟修復が困難になっている。

台湾大学法学院（台北市中正區徐州路21號／1919～29年）
台北高等商業学校として建てられ、後に台湾大学の法学院と社会科学院校舎となる。写真の第1教室棟は三連アーチにロッジアが載る。

台湾菸酒股份有限公司（台北市中正區南昌路一段4號／1922年）
台湾総督府専売局として森山松之助が設計。角地に面してコーナーからアプローチする。赤白ゼブラ模様の「辰野式」の代表格。ポーチ上の円蓋、半円形のペディメント、望楼風の塔など優美さは台北随一。

台北郵局（台北市中正區忠孝西路一段120號／1929年）
営繕課技師・栗山俊一の設計、台北郵便局として建てられた時はRC造3階建て。戦後に上部に1層を建て増した。エジプト風円柱が双柱となり、コーニスには雷文がつく。市定古蹟。

孫立人将軍官邸（台北市中正區南昌路一段136號／1907年築、1929年増築）
かつての日本の台湾軍司令官公邸、戦後には陸軍総司令・孫立人の官邸となる。改装されレストラン「陸軍聯誼廳」として営業。

朝北醫院（台北市萬華區貴陽街二段181號／1921年）
議員も歴任した李朝北医師が1921年に開設した医院建築。バロック風の騎楼で2016年に市定古蹟となり修復工事が開始された。

青田七六（台北市大安區青田街7巷6號／1931年）
昭和町と呼ばれた一角に残る木造住宅。微生物学者、足立仁教授が居住。南京下見板と鎧戸といった洋風デザインと和風との折衷。カフェレストランとして再生。

青田茶館（台北市大安區青田街8巷12號）
台北帝大でも教鞭をとった歴史学者、庄司萬太郎の居宅だった。傷んだ空き家状態から画廊オーナーが修復し、ギャラリー兼カフェに再生。

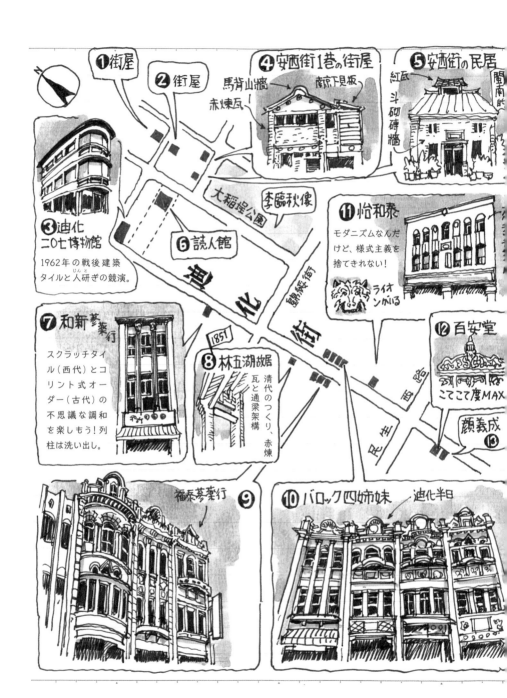

⑭ 義裕企業ととなりの騎楼

となり合うけど対称的。左はアーチに
柱頭飾りがゴージャス。右は全身タイ
ル張りですっきり系。

⑮ 黄永生

スクラッチタイル
とこてこてのバ
ロックのコラボ。

⑯ 乾元參藥行

台北霞海城隍廟

⑰

⑱ 台湾農産企業公司

ドイツ壁円社

まるでガウディ！
異形さナンバー1。

⑲ 大稲埕故事工坊

1924（大正13）年築。
文資再生の拠点。

⑳ 大稲埕郵局

アールデコをまと
うモダニズム建築。

㉑ 屈臣氏大薬房

火災後復元された三層楼。

台北・大稲埕、迪化街と歩く

大稲埕は清代末期から茶葉の積み出し港として栄えた、淡水河畔の街。右岸から100mほど東を走る迪化街は、このエリアの中心をなすストリートで、雑貨や食品、特に乾物や茶葉を商う商家が建ち並んでいた。▶日本統治時代、大正期の市区改正を機に商店の多くが洋風2階建てに建て替えられた。財を成した商人たちは競ってバロック風などのファサードに力を注いだ。それが現在の迪化街の主役になり、「日本統治時代の典型的な商店街」と見なされるようになったのだろう。▶大稲埕公園の周りは、そんな中でも清代の雰囲気を伝えるコアな、そして貴重な場所。❺の民居は貴重な閩南式建築だ。❽は林五湖故居で1851年築とわかっている。アーケードを持つ商家の造りで、日本が来る前はこうした平屋の亭仔脚が多かったのだろう。煉瓦の壁と、貫を多用した実直な木造架構のハイブリッド構造で面白い。▶❶と❷は小規模ながら丁寧に造られた煉瓦造建築。一方、丸くカーブしたファサードが

迪化街を楽しむ ディテール入門 ⑥

三進式 街屋

亭仔脚
…商店街のアーケードとして騎楼の1階部を開放する

私有地

2階

店

自由に歩いていいんです

山牆(ペディメント)

カルトゥーシュ(勲章飾り)

細長い敷地に三棟を建てて天井(庭)でつなぐ。

1から3を通らないと2に入れない。

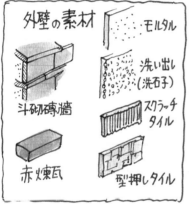

外壁の素材

モルタル

洗い出し(洗石子)

スクラッチタイル

斗砌磚牆

赤煉瓦

型押しタイル

雷文

歯飾り(デンティル)

パイナップル

コメ?? こんなレリーフを

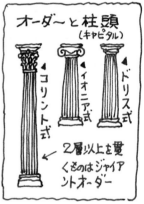

オーダーと柱頭(キャピタル)

コリント式

イオニア式

ドリス式

2層以上を貫くものはジャイアントオーダー

ランドマークとなっている❸迪化二〇七博物館は、戦後の1962年築の薬屋のビル。2009年に台北市により「歴史建築」に登録され、ある女性弁護士が購入し、地域の博物館として整備したもの。タイルや人造石研ぎ出し仕上げの床、そして鉄窓花（てっそうか）が楽しめる。▶バロック風騎楼（きろう）を代表するのは、❾「三姉妹」と❿「四姉妹」で異論はなかろう。特に前者は軀体自体が湾曲して道に張り出していて、「ゆがんだ真珠（バロッコ）」という定義にぴったりだ。小さな傑作も見逃せない。コテコテしたペディメントが見事な⓬百安堂や、植物文様が乱舞する⓭顔義成は見る者を圧倒する。

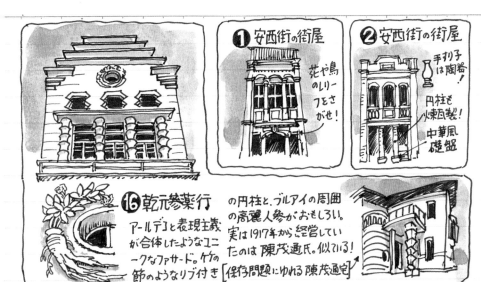

正統派から逸脱したような異形の面々にも注目したい。**⓲**台湾農産企業公司は特にユニークで、アクセントになる2本の列柱は、ゴツゴツしたドイツ壁と優しげな洗い出しの2種の仕上げで上下を区分している。▶1920年代後期になると、世界的にアールデコやモダニズムが流行。その痕跡は、迪化街にも確認できる。屋根が凸凹せず水平線や幾何学模様を多用する**⓴**迪化街郵便局は、様式主義を卒業したアールデコの筆頭。高麗人参のレリーフと剃刀のような複層庇（ひさし）が特徴の**�016**乾元参薬行もその仲間といえる。スクラッチタイルが目印の**⓫**怡和泰は、平らな陸屋根（ろくやね）やのっぺりした外壁を微妙に波打たせるあたり、伝統からの脱却を感じさせるが、それでもライオンの頭が付いていたり1階柱頭（ちゅうとう）に繰り型があったり、と「過去と決別しきれない」ごった煮感があるのが愛らしい。▶まちあるきの最後は**⓱**台北霞海城隍廟。日式建築が景観を変えても、台湾の人びとは恋愛の神・月下老人（げっかろうじん）を詣でている。地霊（れい）とパワーに充ちた一角が、閩南・バロック・モダニズムの宝石箱の中にある。この多様性こそ、台湾の魅力そのものだ、と私はいつも思っている。

照亮老台灣
Illuminating Old Taiwan Exhibition

台北艋舺（萬華）、シーザーメトロホテルにて07：00起床。家族と一緒の時だけの豪華ホテルで、華麗なる朝食バイキングをいただく。洗濯がてらに艋舺のまちを歩く。コインランドリー

貴陽街二段の5連街屋

店のならびに ジュースの屋台 があり、自由に野菜や果物を選んでブレンドもできる。

8連の煉瓦長屋
（華西街1〜9号）

萬華の楽しみ方

❷

屋台の上の街屋も良い

❶金義合行
（大正時代か?）

2F上部に
マジョリカタイル

ニンジン
メロン
リンゴ

この6連街屋は1階に吉野家、2階以上もカフェなどがあり、しっかり利活用されている萬華の顔。ジャイアントオーダーはコリント式、カルトゥーシュも。

出窓円形の6連の街屋

［頂棒加蓋］

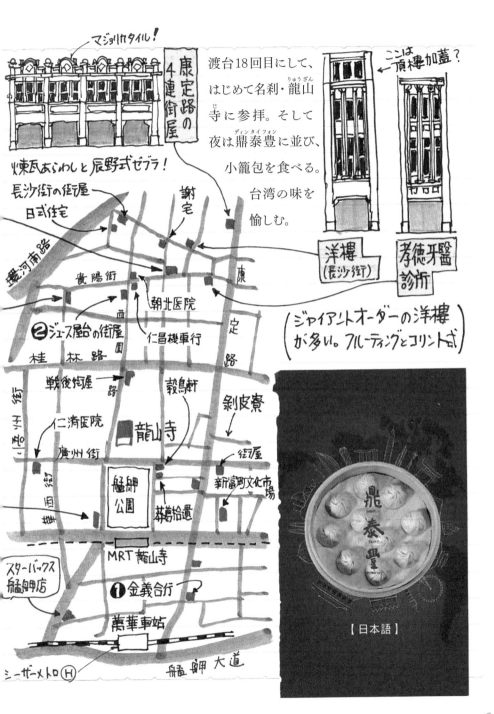

マジョリカタイル！

康定路の4連街屋

煉瓦あらわしと辰野式ゼブラ！

長沙街の街屋
日式住宅
環河南路
謝宅
貴陽街
朝北医院
❷ジェス磨の街屋
西
園
仁昌機車行
桂林路
路
戦後街屋
穀鳥軒
剥皮寮
仁済医院
貴州街
龍山寺
街屋
廣州街
華西街
新富町文化市場
艋舺公園
林葛拾遺
MRT 龍山寺
スターバックス
艋舺店
❶金義合行
萬華車站
シーザーメトロ Ⓗ
艋舺 大道

渡台18回目にして、はじめて名刹・龍山寺(りゅうざんじ)に参拝。そして夜は鼎泰豊(ディンタイフォン)に並び、小籠包を食べる。台湾の味を愉しむ。

ここは頂樓加蓋？

洋樓(長沙街)

孝徳牙醫診所

ジャイアントオーダーの洋樓が多い。フルーティングとコリント式

【日本語】

台北萬華シーザーメトロホテルを出発。MRT中山駅で降り、誠品書店（南西店）を見る。そのまま地階のフードコートで昼食。双連のカステラなどを楽しみながら、徒歩で赤峰街へ。このエリアは自動車の部品屋が並ぶ下町の風情も残しつつ、老屋を改修した雑貨屋やカフェが次々に誕生している街。浅い亭仔脚の街屋の2階のバルコニー手すりには多様な瓶形欄杆柱が並んでいる。浮光ブックカフェに入る

瓶形欄杆柱 いろいろ

赤峰街（洗い出し）

赤峰街（洗い出し）

正方形断面に花弁

中空で3本の柱

赤峰街

4本

モルタル仕上げ

金義合行

浮光

もしかして…ワタナベさんですか？（怡萱さん）

春戯閲小
夏夢讀詩
秋鳶歩慢
多字走遊

再來！

と、スタッフの女性が1年前に来たことを憶えていてくれた。磨石子の床、荒々しい壁の煉瓦などに、静謐で透明な時間を感じる。▶民生西路の幸福

書浮
店光

I read, therefore I am.

illumination books 2019

甚華區西園路一段62號のコインランドリー自助洗にて

大晦日の22時58分、洗濯中

堂の大きなタピオカミル

クティーを飲み、家族と

寧夏夜市で滷肉飯（魯

肉飯）を食べる。一人ならきっと

しない「観光」で、台湾の魅

力を知る。▶趙瑜

玲さんと水瓶子さんが

話してくれた温州街の

臺靜農故居、台湾大の

解体方針に対して多くの建築士・学

者・市民が反対の声を上げている。木

造平屋で入母屋・和瓦葺きで、老樹

とともに歴史を刻む。突き出た玄関

部分の屋根は大きく傾く。左の出

墾請保存

和瓦

鬼瓦

温州街
臺靜農故居

六角窓

手すり子

日本統治時代区分 by 水瓶子

1895 (M28)	前期	割譲し統治スタート 抗日運動と鎮圧
1920 (T9)	中期	安定期 インフラ・制度近代化
1941 (S16)	末期	皇民化教育.改名
1945 (S20)		終戦.引き揚げ

窓と右の六角窓、手すり子に設計者の美意識を
感じる。現在は鉄条網で封鎖されていて予断を
許さない状況とのこと。

西園路を北上してコインランドリーへ。洗濯の待
ち時間に周辺の古い建物を満喫する。戻ると一
匹の猫が番をしてくれていた大晦日の夜。そろそ
ろ101の花火へ向かおう。

台北
の建築
その2

三井物産株式会社旧倉庫（台北市中正區忠孝西路一段265號／1914年）
煉瓦造2階建て、寄棟・桟瓦葺きで、亭仔脚と半円ペディメントを持つ。長く廃墟となっていたが、50mほど離れた位置に移設、2018年に台北記憶倉庫としてリニューアルオープン。

西門紅樓（台北市萬華區成都路10號／1908年）
八角形の煉瓦造2階建ての公営市場。赤白ゼブラの「辰野式」。西側に十字架型の店舗棟が付属する。1990年代から文化活動に利活用され、改修工事を経て現在は劇場、カフェ、物販店舗を擁する複合施設に。

萬華林宅（りん）（台北市万華區西園路一段306巷24號／1932年）
鋭角敷地に建つRC造3階・塔屋付き、外壁は赤煉瓦で仕上げる。貿易で財を成した林家の騎楼式邸宅。スターバックスコーヒーが活用。

台灣農產企業公司

大稲埕迪化街の建築群（台北市大同區迪化街）
大稲埕は淡水河に面した商業都市のエリア名で、その中の中心的な街路（ストリート）が迪化街。バロック風やモダニズム風の騎楼が百花繚乱、さらに隠れるように残る清末の平屋も見逃せない。

新富町文化市場（台北市萬華區三水街70號／1935年）
珍しい馬蹄形平面を持つ食料市場として建てられた。閉鎖されたが市定古蹟となり2017年にリニューアル。食肉の歴史の展示やカフェ、文化施設に。幾何学模様や曲線を多用したアールデコの傑作。

松山文化創意園區（台北市信義區光復南路133號／1937年）
元たばこ工場。梅澤捨次郎の設計。アールデコ様式の事務所棟は物販・飲食店に、半円アーチが並ぶ巨大な倉庫群はギャラリーに再生。

松山療養所所長宿舎（台北市南港區昆陽街164號／
1935年）
日本統治時代のサナトリウム（結核療養所）の所長
官舎。木造平屋、寄棟造り。薬膳レストラン「靜心
苑」として再生。

浮光書店（台北市大同區赤峰街47巷16號2樓）
小さな町工場や部品屋が集まる一角、終戦の前後に
建てられた街屋の2階を改装しブックカフェに。内壁
は古い煉瓦壁をあらわしとしている。

樂生療養院（新北市新莊區中正路794號／1930年頃）
日本統治時代のハンセン病療養所。井手薫設計の病棟群も状態良く残っている。地下鉄車庫建設のため解体が計
画されたが、入所者や市民、学生の抵抗により保存が決まった。写真は回復者が暮らすコの字型の木造病舎。

2019年11月22日／土

今日氣象
天颱風外圍環流影
東北部有雨，北部、
、東南部及中南部山
局部短暫雨，其他地
雲；基隆北海岸、東
、恆春半島及馬祖沿
區有長浪機率。

民曆紀事
10月26日(癸亥)
祭祀、沐浴
日凶多吉少宜事少取

北部地區 20℃～28℃　　台北市 21℃～24℃
中部地區 19℃～30℃　　陽明山 18℃～21℃
嘉南地區 19℃～30℃　　花東地區 22℃～29℃
高屏地區 20℃～31℃　　墾丁地區 22℃～27℃

(02)2656-1038 全國各縣市採訪、訂報、廣告專線請見

大学の授業を12:00過ぎに終えて岡山空港からタイガーエア IT215便。定刻15:25が、15:48岡山OKJ発▶17:38台北TPE桃園空港着。MRTと高速バスで19:55に基隆駅前に到着、雨の中、華都飯店へ向かう。

基隆市 仁一路の華都ホテルにて07:00起床。台湾風味いっぱいのバイキング朝食をいただく。新聞には香港のデモの記事。逃亡犯条例改正に端を発した民主派と当局との対立は、区議選を前に激しさを増し、昨日は242人が逮捕されたとのこと。世界の誰よりも台湾人は香港に注目している。▶市街北方の大沙灣で10:20、小雨の下でのフィールドワークをはじめる。今は釣具屋さんになっている❶天豊五金行は両端の擬石仕上げの壁と、短いギリシア風の付

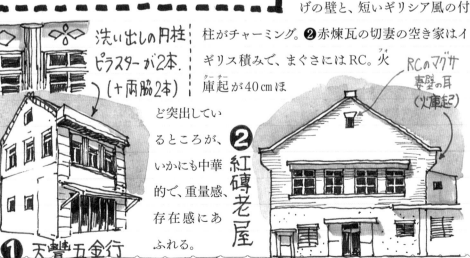

洗い出しの円柱
ピラスターが2本.
(＋両脇2本)

❶ 天豊五金行

柱がチャーミング。❷赤煉瓦の切妻の空き家はイギリス積みで、まぐさにはRC。火庫起が40cmほど突出しているところが、いかにも中華的で、重量感、存在感にあふれる。

RCのマグサ
妻壁の耳
(火庫起)

❷ 紅磚老屋

❸ 基隆漁會
正濱大樓
(1934/昭和9年)

中正路連棟街屋

①天豐五金行
②紅磚老屋

正味食堂

海之丘？

④武昌街
日式宿舍群

市長官邸

要塞司令部校官舍

要塞司令官邸

元水産館はすでに
歴史建築となり改装
再生工事中！

13条のタイル

現在工事中で
足場があって
見えません！

上げ下げ窓の木製建
具や櫛型のまぐさ石
など見どころが多い。
2021年2月の完成が
待ち遠しい。

(1934年)

❹ 武昌街日式宿舎群

元水産講習所官舎でニコイチ長屋。南京下見板と切妻上部のホー
ムベース型通気窓の他は和風の「おとなしい」外観。屋根の損傷
がはげしいが歴史建築という文化財になっている。

❺ 旭丘指揮所
（松本記念館）

❻ 基隆要塞司令部
1929年（昭和4）
竣工、市定古蹟。

旧日本軍重砲兵連隊、
戦後に松本虎太記念館

活動資訊

時空廊道及座談I　義七路39號官廳舍遺址

2019.11.23 (六)13:30-17:00

◆ 與臺灣日式建築對話
講師：渡邊義孝(Yoshitaka Watanabe)
職位：日本尾道市立大學兼任講師

◆ 人權課程
探究與實作的實踐對談

▲衛生福利部基隆医院(1925)

畠山喜三郎設計。他には台中信金など

ユニークなキャピタル

今回の台湾訪問の目的のひとつである基隆の 官廳舍遺址保存計畫~時空廊道の座談 に参加するため、 義七路の奏任官舍 へ 到着。この廃屋を見学したのは2019年3月のこと。基隆高級中学教師の盧慧芳(ろけいほう)先生が案内してくれた。「市長より格上だった奏任官の宿舎、市内で唯一」と説明されても、あまりの傷み具合に呆然としたのだった。しかし今日目の前にあったのは、ゴミは消え、庭木が切られてさわやかに風が通りぬける美しい木造住宅であった。14:00式典が始まった。

前說文古我不有創贖們是把觀神品燒

不足文言資的得難太

官古是記保是錯美在留凌的不是重天

▲詹益忠先生作圖

記念イベントの第1部は記念講演。 邱先生の話 中壢(ちゅうれき)

中壢も見に来て！

国立台湾大学法学院
邱榮擧 教授(前副院長)

で生まれ日式住宅で育った私は、台湾大学の日式建築の中で40年間、学び働いた。基隆には修学旅行で来たのが最初、国際港湾の印象が強かった。

▶今日はこの木造宿舎の保存を考えるイベントに参加しているのだが、基隆中学について考える上では、2.28事件の後に

光明報事件

2.28事件など

鍾浩東
(1915 - 1950)

台湾の現在の民主と自由は、簡単に得られたものではなかった。

処刑された鍾浩東先生のことを忘れることはできない。同時に命を落とした基隆中学の先生たちに感謝したい。ここでは1895年の日本統治開始時に抗日の闘いがあり、激しい戦場にもなった。いわゆる「乙未戦争(いつびせんそう)」だ。日本軍は基隆近くの海岸から上陸し、台湾民主国の旗を掲げて抵抗する人びとを殺害した。▶台湾大学で私は学生会の議長をしていた。学生の権利を守るための活動をしたのだが、守るためにはまず歴史を知らなければ

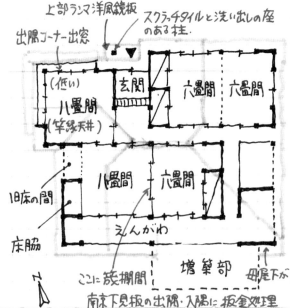

上部ランマ洋風鏡板

出隅コーナー出窓

スクラッチタイルと洗い出しの座のある柱.

玄関

(低い)
八畳間
(竿縁天井)

六畳間　六畳間

旧床の間

八畳間　六畳間

床脇

えんがわ

増築部

雨戸下がり.

ここに筬欄間

南京下見板の出隅・入隅に板金処理

N

ならない。基隆の歴史もそうだ。この地を愛した老人たちと、今守ろうとしている若人たちの活動に注目してほしい。

▲盧益忠先生作図

▶基隆市政府教育部の挨拶につづき、基隆高級中学の校長（盧先生の上司）の鍾定先先生がスピーチ。▶盧先生に「見てほしい」とここに連れて来られたのはずいぶん前のこと。感動した……のは「建物に」ではなく、盧先生の並々ならぬ熱意に、でした。ただ、修理するには1千万元以上が必要。市の文化資産として直せないか申請中です。私は、この建物を切り口にして歴史を教えるカリキュラムを作れないか、と助言しました。▶先週、台湾大学の遺産の保存活動の一環として、歴史上の受難者の名誉回復の活動をされた方のことを知ったが、そこから分かるのは、

建築物が残っているからこそ、そこで起こった歴史の意味を学びつづけることができる、

という事実。建物を保存する意味はそこにあると思います。苗栗県の銅鑼にも日式建築のすぐれた作品がある。これも保存してほしいと願っています。

盧先生の熱意に、私は感動したのです

国立基隆高級中学 鍾定先校長

4番目の発言者は受難者の遺族である藍芸若さん。ここで光明報事件のことを記しておく。これは2.28事件（1947年）の後に起きた言論弾圧であり、他の事件と異なり、自覚的な地下党組織のメンバーたちの活動への攻撃であった。鍾浩東氏は大陸に渡り日本の植民地

支配に反対し抗日闘争に身を投じる。広東で当時の国民党の腐敗に絶望し、中国共産党に接近する。以降、彼は台湾に戻って自覚的なコミュニストとして生きる決意をする。そのころの台湾では初等教育だけでなく高等教育においても日本による差別はあからさまであった、1934年に台北高等学校文科乙類入学者32人のうち、台湾人は鍾氏含めて4人だけだった。鍾氏は戦後、1946年、基隆中学校長に就任、地下組織の「支部」リーダーとなって、2.28事件後の1948年に地下新聞『光明報』を発刊、翌49年に逮捕されたのだ。

2歳の時に父は亡くなり私は「匪諜的女児」と呼ばれました

藍芸若さんの話（藍明谷の娘）

私の父は鍾浩東の兄、鍾理和（しょうりわ）と北京で知り合い、その縁で基隆中学に職を得ましたが、その後に2.28事件に遭遇しました。父は鍾とともに『光明報』を印刷したり、ラジオで大陸の国共内戦の情報を流したり、国民党政権の弾圧に対する批判記事を書いたりして

（宿舎と同い年！）
卒業生・陳永富氏（89）

いました。新聞を台湾大学でも配布していましたが、露見して弾圧を受けます。父は逃げたのですが家族が連行され、ひどい目に遭いました。それを知った本人は1年後に自首。翌年の1951年4月に処刑されました。父が銃殺された時、私はまだ2歳でした。以降、「共産スパイの娘」と呼ばれて私は育ちました。言論の自由のない白色テロの時代で、私は父のことをずっと悪人だと信じ続けていたのです。▶しかし藍さんは胸を張り、堂々と話した。長老も、高校生も聴いていた。台湾はその後、政

権交替をきっかけにリベラルな民進

基隆官廳舍遺址

党主導で転型正義＝歴史の見直しを進め、権威主義体制のもとで弾圧された受難者の一人ひとりに光を当ててゆく。2.28事件を筆頭に、光明報事件についても2018年、陳健仁副総統出席のもとで有罪判決の取り消し、名誉回復が行われた。処刑から約70年後のことだった。▶次に、基隆中学卒業生で官舎と同い年という陳永富氏（89）が発言に立った。「子どもの頃に学んだことは忘れない。童謡で歌った『もしもし亀よ、亀さんよ』は今もおぼえている。来年は私も90歳、毎日体を動かしていたい」。

9月20日から上映が始まった映画『返校』は基隆中学事件に似すぎてます。プロデューサー氏は明確に「ちがう」と言ってましたが、類似性高すぎ！

盧慧芳 老師

報明光
外號
四九四一年二月七日出版

魏仲廷の学生番号

＝學中華翠＝
501014

DETENTION

返校

1949年9月9日、軍警が基隆中学を包囲し急襲、39人を逮捕し7人に死刑判決。リーダーの鍾浩東は1950年10月14日に台北で処刑された。

周振才氏

歯科医です

張珍さん

基隆官廳舎遺址保存計画
時空廊道 及座談の発言者

父は作家の周金波で、228で投獄され3日間、釈放されてからは日本語話さなくなった

周金波
1920-1996

基隆生れ、小説家。3歳から日本へ。日大歯科在学中から文学作品発表。「吾輩は猫じゃない」など。戦後には「親日」「皇民作家」との批判を受けた

父が校長だったので私はこの家に12年間住んでいました。今日、この場所まで歩いてきたが、子ども時代を振返るプロセスでした。「ここで寝ていたのよ」と盧先生に伝えました。この家で暮らせたことを光栄に思ってます。

廃墟に思えた、たったひとつの建築。基隆というはなやかな国際港湾都市から見たら、ちっぽけな住宅。それを「発見」し、残そうとする盧先生のような人がいることで、語られなかった重い言葉が語られ始める。見えなかった街の記憶が可視化される。過去の自国の暗闇を直視することで、人権とは、民主主義とは、正義とは何であるかを伝えることができる。建築保存活動の無限の可能性を私は今日学んだ。

右頁から ▶ 践協助保存維護遺跡之行動。期能在保留歴史遺跡的同時，本能凝聚共識，将此地進一歩活化，以促使此遺址遺跡能成為我們共栄共享的重要文化資産。

計畫執行：盧慧芳（基隆高中歷史老師）…從無意中發現此不起眼的「廢墟」，竟早在1905年即為的官方舍所在．而於1930年建成於此的日式建築，背後竟有著深厚的內涵．到開始著手進行調查·研究後·耙梳了此地與週邊田寮河之關係·發現此歷史建築除了見證了基隆港·市走向現代化的重要過程·竟也銜接了一直被刻意遺忘的戰後基隆及校園政治案件。驚覽於此令人驚豔的老屋·有可能就

基隆·仁四路からの坂道

黃毓婷さんと歩く夜

許梓桑古厝

在一切的默默中消失，便與校內熱血之學生及相關專業文資老師，結合社團課程，實

左頁へ

Just Live Inn
享住旅店
基隆市中正區信一路156號
No.156, Xin 1st Rd., Zhongzheng Dist.,
Keelung City 20241, Taiwan (R.O.C.)
T +886.2.2426.1026 / F +886.2.2426.1070
justliveinn@gmail.com
TAX No. 42648260

基隆 享住旅店にて08：00起床、おしゃれな1階のカフェでコーヒーを飲み、荷物を預けて、歩いて 田寮港游廊が があったエリアをめざす。運河としてつくられた田寮河（ティエンリャオホア）をはさむ信一路（しんいちろ）と仁一路の賑やかさが、ふっと消えてしまうような細街路が南の山にのびていて、行き止まりとなる。左右にトタンで覆われた木造2階建てがひっそりと並ぶ。写真を撮っていたら住民の蔡（さい）氏に声をかけられる。木造建築は壁を板金で覆われているものの、路

田寮街 生所と思われる 洋館

庇を支える 大きな持ち送り

ボールたくさん

蔡 黄福氏（65）

この写真を差し上げよう。日本統治時代のこの路地の情景だよ。変わったでしょう？

実は後方は木造切妻 平屋建ての看板建築

▶高欄付き木造2F建

地や石段にはかつて花街（かがい）であった頃の雰囲気を残す。田寮河に戻り、まちあるきをスタートする。

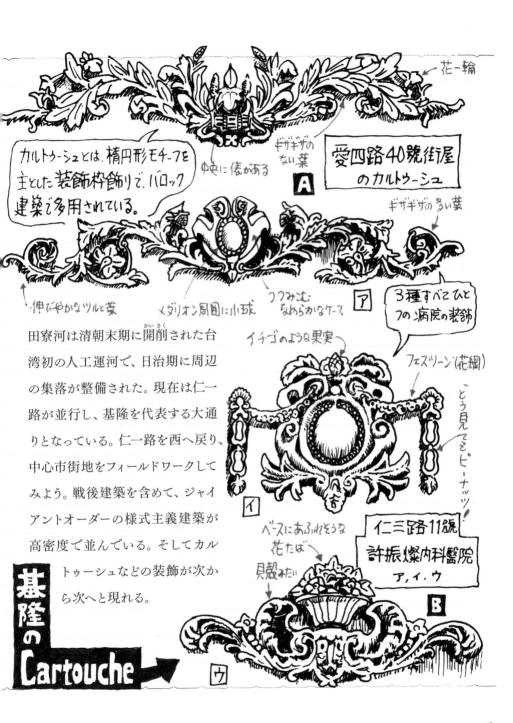

カルトゥーシュとは、楕円形モチーフを主とした装飾枠飾りで、バロック建築で多用されている。

花一輪

ギザギザのない葉

中央に俵がある

A

愛四路40號街屋
のカルトゥーシュ

ギザギザの多い葉

伸びやかなツルと葉

メダリオン周囲に小球

つつみ込むなめらかなケース

ア

3種すべてひとつの病院の装飾

田寮河は清朝末期に開削（かいさく）された台湾初の人工運河で、日治期に周辺の集落が整備された。現在は仁一路が並行し、基隆を代表する大通りとなっている。仁一路を西へ戻り、中心市街地をフィールドワークしてみよう。戦後建築を含めて、ジャイアントオーダーの様式主義建築が高密度で並んでいる。そしてカルトゥーシュなどの装飾が次から次へと現れる。

イチゴのような果実

フェスツーン（花綱）

"どう見てもピーナッツ！"

イ

基隆の
Cartouche

ベースにあふれそうな花たば

貝殻みたい

仁二三路11號
許振燦内科醫院
ア、イ、ウ

B

ウ

シンプルな
コーニス
こんな窓
曲面多用

基隆合同庁舎 (1934)

STATION

旧日本郵船
基隆出張所

基隆

旧 旭橋親柱
（次頁）

忠一路

みどり街屋遺跡

紅厨
隅かざり♡

林開群
宅

忠二路

孝三路30巷
19-21の
煉瓦造
の廃屋は
植物に呑
みこまれそう

忠三路

仁二路

仁三路

金鷹銀樓

孝一路32
豊隆商行

四連街屋

忠二路75・釭豆咖啡は
フルーティング
付きのジャイ
アントオーダー
だが現代主
義が加味
されている
商店建築。
4階部
分は増築であろう。

忠三路・老窩咖啡館
は3層を貫いていたは
ずのオーダーが切断
されてしまっている特
異な店舗。キャピタ
ルもユニークである。

十字架？

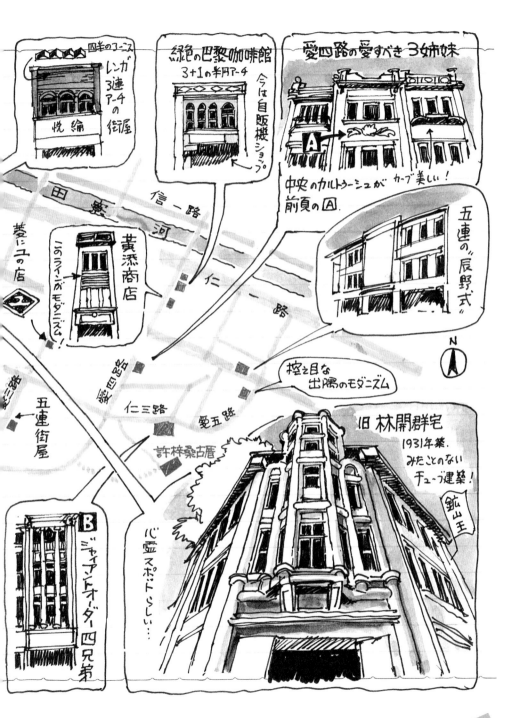

四半のコース
レンガ3連アーチの街屋

悦�（悦緒）

緑色の巴黎咖啡館
3+1の半円アーチ

今は自販機ショップ

愛四路の愛すべき3姉妹

A

中央のカルトゥーシュがカーブ美しい！
前頁の A

田寮河

信一路

仁一路

菱にコの店

黄添商店

このラインがモダニズム！

五連の"辰野式"

N

控え目な
出隅のモダニズム

愛田路

仁三路

愛五路

愛三路

五連街屋

許梓桑古厝

心霊スポットらしい……

旧 林開群宅

1931年築.
みたことのない
チューブ建築！

鉱山王

B

ジャイアントオーダー四兄弟

基隆
の建築

海港大樓（基隆市仁愛區港西街6號／1934年）
基隆港合同庁舎として建てられた。RC造5階建て、鈴置良一設計。水平線と丸窓が軽快なアールデコの外観を演出。現在は財政部關務署が入る。

基隆1915陽明海洋文化藝術館（基隆市仁愛區港西街4號／1915年）
日本郵船株式會社基隆出張所として建設。設計は森山松之助と井手薫。隅角部に尖塔があったが空襲で損壊。戦後は海運会社の手に渡り、2021年以降は海洋文化の展示施設に。

基隆正濱漁會舊大樓（基隆市中正區中正路391號／1934年）
RC造2階建てのモダニズム建築。基隆漁港水産館として建設され、戦後に漁會が所有。市の歴史建築。2022年に修復工事を終え公開。《林威廷氏撮影》

街屋の装飾（基隆市仁愛區仁三路）
中心市街地には日本時代から戦後にかけての洋館が密集する。その多くがバロック風の列柱・柱頭飾りやカルトゥーシュを持つ。まち歩きの楽しみの源泉だ。

林開郡洋樓（基隆市仁愛區愛一路45號／1931年）
鉱山業で成功した林家の3階建て洋館。付け柱を半円形断面とし1階には亭仔脚を備える異形の建築。長く放置され心霊スポット「基隆鬼屋」として知られたが、2022年に内部公開イベントが行われた。

基隆要塞司令部校官眷舎（基隆市中正區中正路111號／1929年頃）
日本時代に建てられた木造平屋の住宅。戦後、中華民国軍将官の官舎となる。南京下見板は煉瓦基礎を覆うように下端で裾が広がり、出窓が陰翳を添えている。2021年に改修を終え、文化施設として公開。《李岳名氏撮影》

武昌街日式宿舎群（基隆市中正區武昌街104巷18號）
総督府水産講習所官舎として1930年代に建てられた木造平屋・瓦葺きのニコイチ長屋。戦後は海事学校の教職員住宅に。2004年に歴史建築に登録済。補修が待たれる。

旧基隆中学校官舎（基隆市信義區義七路39號／1931年）
煉瓦基礎に南京下見板張りの木造平屋の住宅で、玄関ポーチにはスクラッチタイルを貼る。所有者の基隆高級中学に在籍する教員がその価値に気づき周囲を説得、歴史建築登録にこぎつけた。

水尾漁港老洋樓（新北市金山區民生路208號）
基隆市街から車で30分北上した水尾漁港に建つ煉瓦造2階建て洋館の廃墟。実業家・政治家、頼家の別宅であった。

第 7 章

保存・再生に挑む人びと

50年、100年を超えて建物が残るということは、奇跡のようなものである。古い建物への関心が高く、再生系のカフェや宿がブームとなる台湾でも例外ではない。

劣化・損傷、天災や火災、開発圧力や相続時の紛争など、建物が消失する危機をすべてクリアし、さらに修復して残した事例の背景には、「これを残そう」と決断する誰かがいたことを忘れてはならない。献身的で粘り強く、多くの市民を巻き込みながら建物に愛情を注ぎつづけた市民たち。屏東、高雄そして鹿港で、私はそんな人びとの声を聴いた。

前夜の台湾式全身マッサージのおかげで泥のように眠り、未明4時に目を覚ます。高雄駅前、國星商旅317号室。こちらから投函する年賀状をしばらく書き、ゆっくりと地下で朝食をいただく。11:00高雄駅で王大維君・楊拉扣氏（建築探訪ユニット老屋顔メンバー）、余建宏氏と合流。最強の日式建築探訪チームでフィールドワーク開始。▶11:48帰来（屏東市）着、スタンバイしてくれていた朱塔氏のバイクで、尖った切

歸來・李宅

李開榮宅 ①

パースの崩れでも、台風による破損でない。こういう形なの！

屋根のスレート瓦

430

バルコニー手すり

構造はRCか？

煉瓦+RC × 純RC. ▲

北側入口の柱頭

躯体の溝に雨樋

余建宏氏

切妻屋根の軒桁まわり

ぼくのバイクで案内します！

王大維氏

楊拉扣氏

朱塔氏

老屋顔

文創園區になってます

③ 屏東・荅葉廠

妻ハーフティンバーの李宅へ。空き家となって久しいが、その美しさは失われていない。五魁寮鉄橋(ごかいりょう)など公共事業を推進した実業家・李開榮(かいえい)の家。

TE
TangE

1930's

中都唐榮磚窯廠のオーナーの自宅。TR煉瓦だけでなく、当時台湾最大の製鉄所を経営。2.28事件にまきこまれた 唐榮氏。

④ 屏東・唐榮宅

父は米商行、妻の父(陳中和)(ちんちゅうわ)は製糖王であった。

すらりとしたモルタル塗りの洋館は、妻部の三角形を50cmほど持ち送りで突出させ、そのゾーンはけらばの出をゼロとする。ハーフティンバーと下見板の組合せとし、色ガラスをはめる。玄関ポーチは寄棟の和瓦だが、軀体は煉瓦をあらわしにしている。その部分は、「和風屋根にギリシア風

たった10元の肉圓、スープも旨い！

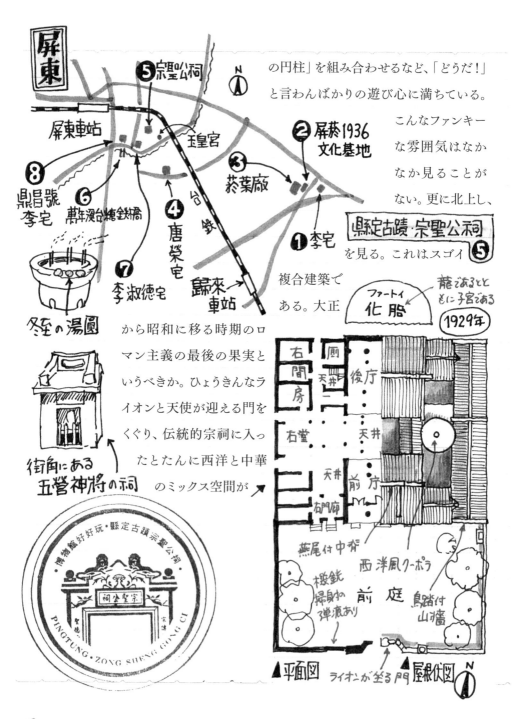

屏東

⑤ 宗聖公祠

N

屏東車站

玉皇宮

② 屏恭1936
文化基地

③ 恭菜廠

④ 唐榮宅

⑥ 萬年溪台糖鉄橋

⑧ 鼎昌號李宅

⑦ 李淑徳宅

歸来車站

① 李宅

台鉄

の円柱」を組み合わせるなど、「どうだ!」と言わんばかりの遊び心に満ちている。

こんなファンキーな雰囲気はなかなか見ることがない。更に北上し、

県定古蹟・宗聖公祠

を見る。これはスゴイ ⑤

複合建築である。大正

冬至の湯圓

から昭和に移る時期のロマン主義の最後の果実というべきか。ひょうきんなライオンと天使が迎える門をくぐり、伝統的宗祠に入ったとたんに西洋と中華のミックス空間が →

街角にある
五營神將の祠

ファートイ
化胎

龍であるとともに子宮である

1929年

右間房

廁 天井 二

後庁

右堂

天井

天井

前庁

右廊

燕尾付中脊

樱銑帰身の弾痕あり

西洋風クーポラ

前 庭

鳥踏付山牆

▲平面図

ライオンが坐る門

▲屋根伏図

N

PINGTUNG・ZONG SHENG GONG CI

博物蒐好玩・縣定古蹟宗聖公祠

宗聖公祠

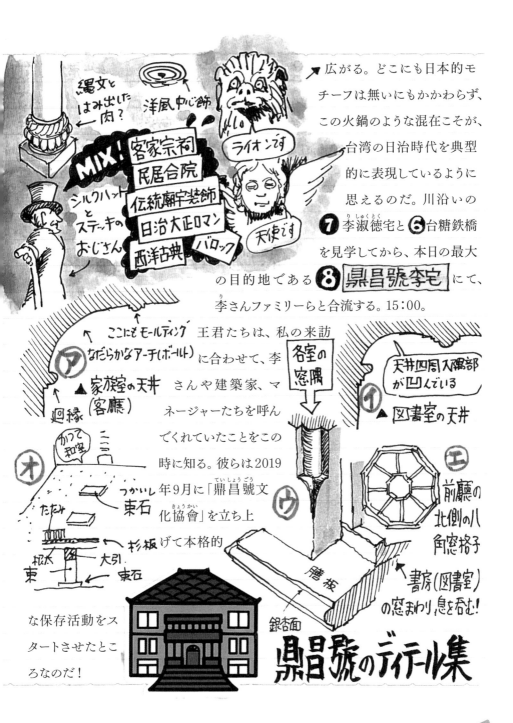

広がる。どこにも日本的モチーフは無いにもかかわらず、この火鍋のような混在こそが、台湾の日治時代を典型的に表現しているように思えるのだ。川沿いの❼李淑徳宅と❻台糖鉄橋を見学してから、本日の最大の目的地である❽鼎昌號李宅にて、李さんファミリーらと合流する。15:00。

王君たちは、私の来訪に合わせて、李さんや建築家、マネージャーたちを呼んでくれていたことをこの時に知る。彼らは2019年9月に「鼎昌號文化協會」を立ち上げて本格的な保存活動をスタートさせたところなのだ！

縄文とはみ出した肉？

洋風中心飾

ライオンです

天使です

MIX!
客家宗祠
民居合院
伝統廟宇装飾
日治大正ロマン
西洋古典
バロック

シルクハットとステッキのおじさん

ここにモールディング
なだらかなアーチ(ボールト)

ア ▲家族室の天井(客廳)
回縁

イ 天井四周入隅部が凹んでいる
イ ▲図書室の天井

各室の窓隅

オ かつて和室
つかいし 東石
たたみ
杉板
根太 大引
束 束石

ウ 鏡板
銀杏面

エ 前廳の北側の八角窓格子
書房(図書室)の窓まわり息を呑む！

鼎昌號のディテール集

鼎昌號原建於清朝萬丹兵營之故址。創始人之一李仲義先生是名事業成功的商賈。其和同父異母弟李仲清⓫先生與堂弟李趫先生、三人合力創造了商行「鼎昌」。早期是以花生（ピーナッツ）或菜麻榨油作為主要銷售商品。隨著三兄弟合作分工努力打拚、行號日漸興盛後開始兼營米糖與其他事業、逐步將其打造為一更健全完整之事業體。實乃為屏東萬丹當地成功商賈的經營典範

PING 屏東 TUNG

EST. 1917

鼎昌號李宅

歐式宅邸撐起赭紅屋頂

羅馬式廊柱於門口迎賓

山茶與杜鵑花燦然庭院

世衍百年風華再現鼎昌

1862年に福建省から渡台　李朱英Ⅰ　弟李抱來

キリスト者 1936年没　李仲義　李仲清⓫　李趫

3人で協力するから「鼎」

李明道Ⅲ

1888-1962 醫生温厚、謹直寡言、言行一致公共事業に尽力

李初雪　張　李信福Ⅳ

東大卒、教育家で銀行家、企業家 1915-1996

同志社で英語を学び帰台　李欽若Ⅴ　謝淑媛

アーチスト　李權高Ⅵ

李明道が、娘の進学に便利なように、と引越して建てたのがこの家なのです。そんな「子への愛」を含めて保存したいと思っています

李家第6代 李權高氏　お母さん 謝淑媛さん

渡料前、ここで暮らしました

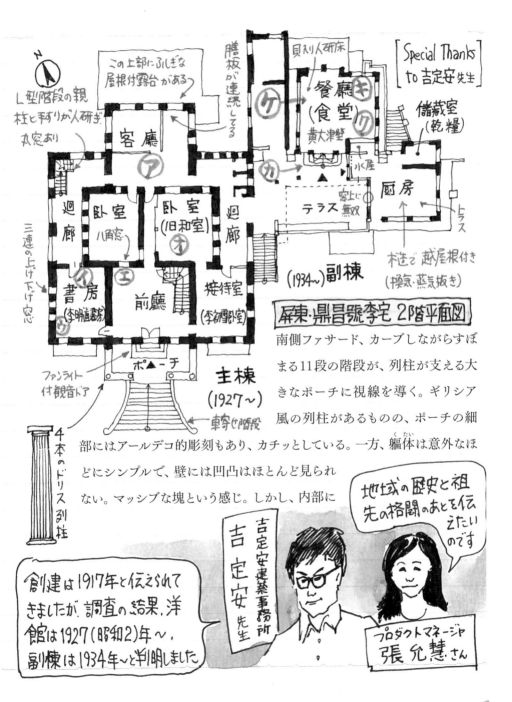

屏東・鼎昌號李宅 2階平面図

南側ファサード、カーブしながらすぼまる11段の階段が、列柱が支える大きなポーチに視線を導く。ギリシア風の列柱があるものの、ポーチの細部にはアールデコ的彫刻もあり、カチッとしている。一方、軀体(くたい)は意外なほどにシンプルで、壁には凹凸はほとんど見られない。マッシブな塊という感じ。しかし、内部に

屏東李宅是李家第三代李明道先生、
為了能夠就近照顧考上屏東高等女
學校之獨女、於屏東市內所興建一棟
足供家人、僕役舒適居所的宅邸、於
1917年在屏東市中心、火車站近邊興
築壯觀歐式三層樓宅邸、並坐擁
廣闊庭園山水。其宅邸分為主棟與
副棟、主棟共有三層。一樓供僕役居
住、儲藏、蓄水等。而二、三樓供主
人家居；副棟為廚房餐廳、建有柴
煤燒灶、並有極具特色的廚房屋頂
是優美的木桁架建構和小灶。
屏東李宅的興起和李家來台奮鬥、
掌握殖民機會、白手翻身鉅富的
精采故事、完全呈現了台灣近代
史的興衰起伏、極具歷史文化意
義。這亦是屏東李宅老屋的珍貴
價值所在、也當是老屋保存的典範

入ったとたんに、設計者の強烈
なデザイン力、こだわりに驚かさ
れる。前庁（前室）の腰壁や天井
のモールディングの複雑さ、上げ
下げ窓の角の繰り型の妙、随所
に宿る美の精神は、室内を廻る
者にたえまない快楽を与えてくれ
る。食堂の「黄大津壁」や、筆返
しといった和風ディテールも見逃
せない。回転ガラス窓のおさまり
は合理的かつシンプルで、細か
い桟は空間にとけ
こんでいる。

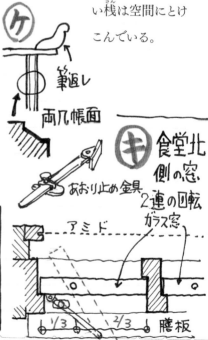

ケ
筆返し
両几帳面
あおり止め金具

カ
2階食堂入口の
3段ステップの蹴鼻
には絶句した！
匙面まで
人研ぎで作る。
人研ぎ
洗い出し
人研ぎ
洗い出し

キ
食堂北
側の窓
2連の回転
ガラス窓
アミド
1/3 2/3 膳板

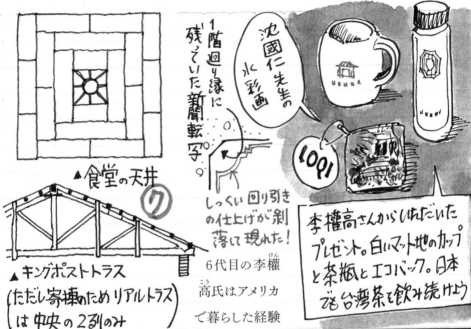

▲ 食堂の天井

▲ キングポストトラス
(ただし寄棟のためリアルトラスは中央の2列のみ)

を持つ。彼は若者と思えぬ落ちつきと知性を湛えて、将来の夢を語った。「屏東と李家の歴史を伝える場、アーティストのための空間、キリスト教のチャリティにも使える場にしたい」と。美しい夕焼けが館を照らした。帰路は建築士の吉定安先生に送って頂いた。

6代目の李權高氏はアメリカで暮らした経験

①主棟の正面外観。南面して建つ。ドリス式列柱が
支えるバルコニーの下に玄関があり、ゆるやかにカー
ブする階段が印象的だ。

鼎昌號李宅（屏東市自由路121號／1927年以降）
実業家だった李明道が娘のために新築した洋館で3
階建て。ギリシア風の列柱を並べたポーチとそこに
続く大階段が映画の舞台を思わせる。正面右奥に増
築された副棟がある。

②主棟玄関の内部。天井は高く、廻縁部分の装飾が
精緻である。

③テラスから副棟の入口を望む。食堂は木造で和風
を感じさせる。

④副棟入口の階段。丁寧な洗い出しとRの仕上げ。

⑤副棟2階の食堂の床。真鍮目地と貝殻を混ぜた洗
い出しの仕上げが残る。

⑥主棟の小屋組み。大スパンの寄棟屋根をキングポ
ストトラスで支持している。

⑦主棟1階の廻縁下地に付着していた英字新聞の断
片。「SEPTEMBER 19, 1927」と読める。建築年代
特定の資料となった。写真は上下反転しさらに鏡面
反転させたもの。

⑧アメリカから戻った
子孫のひとりが保存
運動のために作成し
たグッズのひとつ。ロ
ゴを焼き付けたマグ
カップ。

シンドリ 1900

初代 打狗停車場

1908年に500m移動

湊町

打狗座

1908 バージ（切板板）

なぜか アシンメトリに！？

⑦ ⑦

2代目高雄驛

ここは浅海だった

新浜町

浜線
▼
ハマセン（台娼）
▼
哈瑪星
（エリアの名に）

⑦…扇形車庫

⑦…鉄道博物館（かつての倉庫）

そして 都市の拡大によって、1941年（S16）に帝冠様式の3代目驛舎移転

高雄市・國星商旅ホテル317号室にて07：00起床。コインランドリーではなく、洗濯機が館内にある快適さよ。その一点だけで「次回もここに」と思っ

理事長 駱 國賓氏
（1948年生れ）

てしまう。今日は高雄の歴史的街区にある

打狗文史再興會社

を訪問。月曜休館のところを王大維君がインタビューを設定してくれたのだ。佐佐木商店高雄支店だった街屋を再生したNGOのオフィスでは、駱さん、陳さん、張さんらが待っていた。

彼はNGO創立時からのメンバー。カリグラフィやイラストを描く.

ふたりとも澎湖ルーツです

kun Chen です。すでに「友達」です（笑）

陳 坤毅 理事.

これらのスタンプは私の夫が作りました。まちあるきガイドもします

張 雅萍 さん

朝生宮
【鄭 光翔作】

高雄・哈瑪星の建築再生

哈瑪星(ハマセン)再生の動きは、2012年にはじまる。そもそも日本時代の埋立地であり、一帯は戦後は公用地であった。日治期には浅野総一郎(そういちろう)(浅野セメント)が所有し、戦後には台湾地所建物と林家の手に。後に公用地となる。数度にわたる都市計画で広場にするプランが出るが住民が反対の声を上げた。その都度、計画は頓挫してきたが(1955、63、80年)、2012年3月、住民退去命令が出

文化殺手？

このすぐ近くの白い木造の家にて生まれ育ちました。高雄日立電子で28年働いていました。

そして←これが私の家です！

昭家

時行 02

📖時行 vol.2
三餘書店(TAKAO BOOKS)が刊行する日本語ニュース紙

📖 Map of HAMASEN
哈瑪星時空旧図【再興会社】
日本語まちあるき地図

あしあとの

📖打狗海之濱
文化資産散策
哈瑪星【文化部】
2019.

打狗海之濱

📖建構繁榮城市的巧手～蕭佛助的建築物語【陳坤毅】
2013.11. P160 NTD280
装飾、建築史へのアプローチ

📖新濱老街木工班
2015.9 P175 範例刊
NTD320…技法や人に焦点【再興會社刊】

新濱老街木工班

職人のインタビューもあり.

されたのを機に反対運動が燃え上がった。さまざまな趣向を凝らしたデモンスト

2012年4月
「広三用地」公告
(広場第三数用地)
＝
老朽化たてもの 撤去
広場と P にする

▲ 空襲をイメージした発煙筒

▲ スローガンを手に保存を訴える (2012年)

説好的文化呢？

レーションが展開され
た。その後、市は「保
存するが無人化
する」案を発表。
それに対して
は「不在住人、
不在歴史」
のスローガン

を掲げ、あくまでも「住民が暮らしなが
らのまちなみ保存」を訴えて活動を続けているのだ。なお、「再興會社（さいこうがいしゃ）」が関わる建物
の多くは文化財指定・登録はしていない。「自由に使えなくなる可能性があるから」。

高雄・哈瑪星（ハマセン）のまちなみ保存 は、現在進行形のムーブメントなので

打狗文資再興會社
建材バンクの品々

柱
ケタ

大型の碍子*

レンガ
SH
TR
瓦

継手サンプル

尾道の渡船
にそっくりだね

鼓山 旗津

あった。たくさんの資料をいただき、12：35
會社を辞す。▶鼓山（こざん）フェリー乗り場から12：
54 旗津港 に上陸。ここは高雄港を護
るように横たわる砂州のような島。廟前路（びょうぜんろ）か
ら天后宮（てんこうぐう）を拝観し、通山路（つうさんろ）の食堂で海鮮粥
を食す。30元。

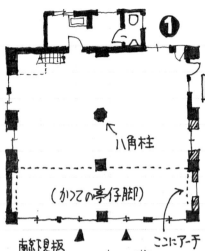

八角柱

（かつての亭仔脚）

南京下見板

妻板が残る

ここにアーチ

旗津のまちおこしに
とりくむ Simba 氏

13:40 Simba（呉俊頡）氏と合流して、❶旗津區 廟前路60巷の李宅 へ。細い路地の奥の敷地だが、手前の1スパンは亭仔脚だった部分を室内化した2階建ての街屋。真壁の畳の部屋も残るが、内外ともに傷みは激しい。しかし「残す価値がある」とSimba氏は言う。続いて彼の案内で❷の三連アーチの赤煉瓦の家へ。ここは食料品店だったらしい。覆輪目地に、コーニスの四半積み煉瓦が上品な装いに見せている。文正巷には今もいくつもの清代の建築や、井戸をもつ広場が残り、「そのひとつひとつに意味がある、それをまちおこしに繋げたい」と語る。

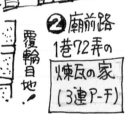

覆輪目地！

❷廟前路
1巷72弄の
煉瓦の家
（3連アーチ）

鳥がいる

細かな凹凸鏝

楕円メダリオン

❸

廟前路42巷
黄氏 洋樓
のペディメント

高雄・哈瑪星
の建築

Le Bon Marché 好市集（ハオシージー）（高雄市鼓山區鼓山一路19號）
合美運輸組という海陸運送会社の事務所だった騎楼を、南欧地中海料理のレストランに改装。中央の煉瓦造の柱を双柱とする。

書店喫茶一二三亭（高雄市鼓山區鼓元街4號2樓／
1914年）
かつての哈瑪星を代表する高級料亭が、喫茶店として再生された。「ひふみてい」という屋号は当時のまま。2013年にオープン。真鍮目地の人研ぎの床、屋根のトラスなど、時代を感じる内装は貴重。

打狗文史再興會社（ダーグォぶんし）（高雄市鼓山區捷興二街18號／
1929年）
材木、建材販売会社の佐佐木商店倉庫だった2階建ての街屋。保存活用を求める市民団体が取得し事務所に。2階とガレージには歴史的建造物から救出した建材、部材を保管している。下写真は人研ぎ、洗い出し、煉瓦のサンプル。《上写真：王大維氏撮影》

本島館（高雄市鼓山區鼓山一路23號）
台湾人が経営していた旅館。亭仔脚を支えるドリス式円柱は石に見えるが、煉瓦を丸く成形してモルタルで洗い出したもの。一方、2階の格子や露出させた垂木などは和風の雰囲気を漂わす。

旧新浜町の民家（高雄市鼓山區捷興二街）
木造平屋、切妻妻入りの民家で日本時代に建てられたもの。哈瑪星地区はこうした住宅と騎楼が混在する都市であった。

哈瑪星貿易商大樓（高雄市鼓山區臨海三路5號／1951年）
かつて春田館という高級旅館があった場所に戦後建てられたRC造4階建てのビル。洗い出し外壁や人研ぎの床、木製の上げ下げ窓などを復原して2018年から店舗等として使用。

旧山形屋書店（高雄市鼓山區臨海三路14號／1920年）
角地に建つ2階建ての騎楼。日本時代に書籍、文具の販売、出版事業を手がけた山形屋の店舗。現在はレストランになっている。

許氏五連樓（高雄市鼓山區濱海一路64號）
フェリー乗り場に近い街路に建つシンメトリな騎楼。戦後の建築。パラペットの装飾には「許」の文字、バルコニー手すりには瓶型の欄杆が見える。

新北市板橋区府中の悦喜商務飯店205号室にて06：50起床。08：30にチェックアウト、荷物を台北車站のロッカーに預け、MRT古亭駅から青田茶館へ。LaVie誌のインタビューを受ける。今回もまた画廊オーナーの頼志明さんは、私を帰省した家族のようにあたたかく迎えてくれる。終了後、12：29高鉄台北駅から通訳の高彩雯さんと一緒に乗車、新幹線で駅弁を食べているうちに13：18台中着。鹿港から張敬業氏が車で迎えに来てくれた。ただちに怒濤の彰化建築フィールドワークがはじまる。▶「ワタナベさんに見せたいものがある！」と彰化県和美鎮へ。陳家黙園は、田園に建つものとしては破格の風格だ。ジャイアントオーダー、メダリオン、卵鏃飾り、パラペット……ディテールは協奏曲のように調和し、それでいて"個"が饒舌に美を謳う。2人を待たせていなければ、何時間か座り続けていただろう。

次は「これはマイナー。もちろん文化財になっていない」という隆発堂呉氏洋樓へ。

La Vie

紙媒体ですよ♡

城邦文化事業股份有限公司
陳 岱華さん.

上品なかんじ！

高鐵便當「香滷肉排」

和美
陳家黙園　1928

和美鎮和頭路
隆發堂呉氏洋樓

三合院正房

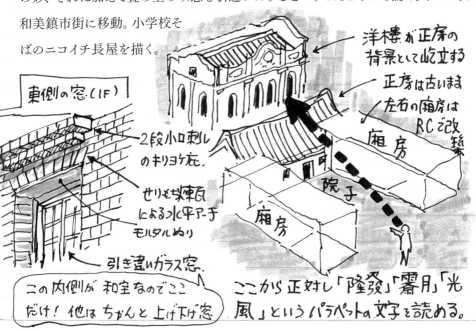

しかしどの面もインパク「

和美鎮鹿和路六段
467巷2のニコイチ長屋.

トに欠け、またシンメトリでないなど、釈然としない。すると張さんが「ぐるっと回ろう」と南側へ。なんと、三合院の正面、正房の奥にそびえるように建つ南面こそが、この洋楼のファサードなのであった。一周すると「本来の顔」が現れるという仕掛け。軀体は離れて建っているのにこの借景の山のように融合する一体的エレベーションの妙、それに加えて畳の室のみ窓を引違いにするというこだわりにも驚く。▶15時、和美鎮市街に移動。小学校そばのニコイチ長屋を描く。

東側の窓.(1F)

2段小口刺しのキリヨケ庇.

せりもち枠車瓦による水平アーチ
モルタルぬり

引き違いガラス窓.

この内側が和室なのでここだけ! 他はちゃんと上げ下げ窓

洋楼が正房の背景として屹立する

正房は古いまま

左右の廂房はRCで改築

廂房

院子

廂房

ここから正対し「隆發」「霽月」「光風」というパラペットの文字を読める。

途中でHuang（黄）さんという未知の人から突然メッセンジャーで連絡。「私は彰化出身。facebookにあなたがさっき投稿した写真を見て、情報をお伝えしたい」と。

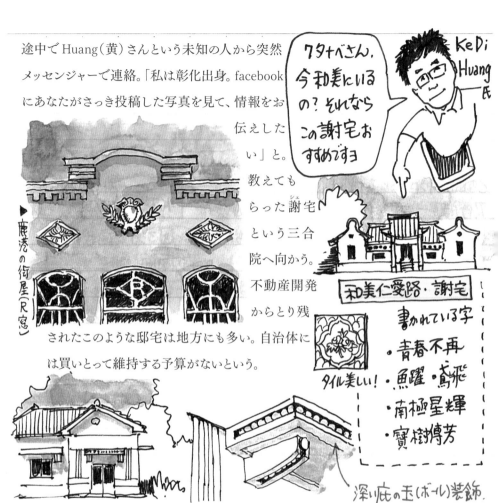

▶鹿港の街屋（R窓）

教えてもらった謝宅というシェ三合院へ向かう。不動産開発からとり残されたこのような邸宅は地方にも多い。自治体には買いとって維持する予算がないという。

クタナベさん、今和美にいるの？それならこの謝宅おすすめですよ

KeDi Huang氏

和美仁愛路・謝宅

タイル美しい！

書かれている字
・青春不再
・魚躍・鳶飛
・南極星輝
・寶樹博芳

深い庇の玉（ボール）装飾。これは発財のシンボル。

夕方 草港旧派出所 に移動。数年前に廃止されたが奇跡的に残っている。東側が事務棟で、西側に住居棟がつながる。深い庇ひさしはRCであることの証だろう。なんとも力強いマッシブなデザイン。いかにも台湾的なディテールを持ちながらも、裏の便所まわりは「もろ和風」の押縁下見板であるのが面白い。続いて、 海埔派出所 へ。1933年の建築。これも出入口と窓の上に、大げさな程のボリューム感溢れる庇を張り出して、深い陰翳を与えている。望楼は状態良く残っている。

陳衛哲氏(34).
（カメラマン）

フリーの写真家として台湾各地をまわっていると、古建築の取り壊しが多くて、これは良くないと思った。台南も彰化は特に更新が早いので心が痛む。

日が暮れて「もう写真が撮れない、またにしよう」と思ったら、次に来た時にはもう失われている。だから、今、行動したい。

鹿港の保存再生運動

リーダー、張敬業さんの話を聞く。彼は鹿港生まれだが高雄で学び、働いた後に鹿港に戻った「Uターン組」。2012年頃、彰化の古い建物の保存運動に影響を受けて、文化資産に関心を持つ。台湾糖業鉄道の駅舎、和美車站解体の動きを知り、張さんは現地にか

鹿港囝仔文化事業有限公司
張敬業 34

TAIWAN IS OUR COUNTRY

まちおこしイベントや落語会や記録出版などで事業をする会社なのです。

撮影機材があるので、保存運動にボランティアで協力しています。

陳池黙園の郵便ポストのデザインは、解体された後龍の洋楼と同じでしたよね？気付きましたか？

折

けつける。駅舎は民間に払い下げられ、レストランになったのだが、内装には当時の面影があった。彼にはまだ「保存運動」の概念すらなかったが、建物の姿を記録し、廃棄された窓枠を持ち帰った。何かしら「証拠」を残したかったのだ。物語と歴史を伝えるためには「モノ」がどうしても必要だと思ったから。

1933

新書分享會鹿港場
@鹿港囝仔(民族路131)
トーク&サイン会
2F

拙著『臺灣日式建築紀行』のトーク&サイン会で鹿港の皆さんと。張敬業さんは、昔から日式建築に興味を持っていたわけではなかったが、曾祖父が散歩しながら「おふろ」「ようちえん」といった言葉を口にしていたのは憶えている。その音の響きだけが記憶に残っている。張さんたちはその後、金銀廳（鹿港の有名な洋館）保存運動をたちあげ、「保鹿」をスローガンに力強いムーブメントを起していった。しかし、それはまた、彼のまわりに集まった若い仲間たちの闘いでもあった。「彼ら、彼女らは、みんな革命の同志たちだ、と思っているんです」と張氏は笑った。それはまちがいなく、台湾の民主化の流れの中で、2014年に花開いた「ひまわり学生運動」の輪の先に結ばれた、小さくも輝ける果実というべきではないか。自分たちが動くことによって、少なくとも自分のまちを変えられるという成功体験と自信は、明るく、楽しく、しなやかなうねりとなって鹿港の一隅を照らしている。イベントは若いクリエーターのシェアオフィスでもある「横街工作室」（このネーミングがまたすばらしい）で行われ、階下の「勝豊吧」で二次会がつづいた。すべて彼らのおごりであった。

竹山尚毅氏を
台中の林氏を
許文さん

彰化県政府によって歴史建築に登録されて、解体工事がストップした鹿港徳成堂(中山路204)

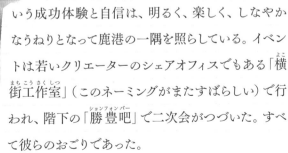

彰化県鹿港鎮

（コメ商人の家）

金銀廳模型 1:50

ポルチコにはこんなセンタリングがあるという

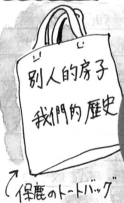

別人的房子
我們的歷史

保鹿のトートバッグ

今秋
LUKANG
ARTS FESTIVAL
藝術節

禾火食堂の3階にて07：00起床。迎えに来てくれた張敬業氏に 金銀廳のストーリー を聞く。

▶鹿港有数の富豪、黄さんの邸宅、その屋敷の奥の場所に母親への誕生日プレゼントとして建てられた洋楼。台湾博覧会が挙行された1935（昭和10）年の建造。内部に金・銀箔の屏風を建てこめたことからその名がついた。やがて持ち主が変わり、放置され傷んでゆく。

2015年▶解体の動きに市民が異議申し立て、運動開始。
　　　　ボランティア掃除大会（15人）保鹿協会結成。
　　　　週末イベントやセミナー、申請→暫定古蹟に！
2016年▶歴史建築に登録！→所有者が不服申立て。
2018年▶歴史建築取り消し！……いつ壊されてもおかしくない金銀廳保存運動の中で、このトートバッグ「他人の家は、我々の歴史」を作った。所有者からは「オレたちの権利を否定するのか！」と反発があった。でもこの一文こそ譲れないポリシー。アートフェスタには、鹿港最大の寺院・龍山寺が会場提供など ↗

今もなお．年間250件のペースで日式建築の解体が進んでいるんです．たしかに．歴史的建造物への理解と支持は以前より広がっている．でも それが．皮肉なことに「早く壊してしまおう」という焦りに繋がっている

張敬業氏
（保鹿協会）

で協力してくれている。ふだん寺に行かない人びとが寺に行くという意味で、寺院にもプラスになるのではないか。2015年から3年経って、保鹿協会はいまは過渡期、少し疲れた、というのも正直、ある。現時点では、目的を2つに絞っている。①エコな生活への指向、②文化資源を調査して記録保存してゆくこと、だ。▶

私はUターンしてまちおこしを始めた。「まちの掃除活動」が第一歩だった。やがて活動と会社を分離、「企業↔運動体」を区別したかったから。会社は今、5人（ただし、張兄弟は無給）。スタッフのためにも……という経営者の自覚は生まれてきたと思うよ。社員にはやはり「建物への愛」は共有して欲しい。

許恵雯さん（許女）　私がまとめました♡　璞史軽鬆読

台湾中部の特徴　台湾語の使用率が高い。学校では中国語、家庭では台湾語を使う人が多く、その文化を大切にする。「清代から栄えていた（から日本の評価は低い）」という人と、「日本人は丁寧に統治したが、KMTは弾圧しただけ」ゆえに日本好きな人、の両方がいる。

▶台湾には、そして 鹿港には 多様な 視点が 必要 だと思う。今回の渡邉さんのサイン会も、そのために企画した面もある。台湾は、オランダ、日本をはじめ、いくつもの国の支配を受けてきた。また、清代には「一府、二鹿、三艋舺」という言葉があった。「府」は台湾の中心的古都であった台南府城、「鹿」は鹿港のことで第2の都市の意味、3番目の艋舺はいまの台北市萬華（バンカ）を指す。つまり鹿港は清代からすでに豊かな街だったから、「日本時代に発展した」意識が薄い。伝統的、保守的な土地で、「過去の栄光」があるゆえに新しい視点を持ちにくいのかもしれない。ぼく自身、高雄や雲林（うんりん）に出てみて初めて「百年以上前に二鹿と呼ばれた誇り……だけなの?」「ほかに何があるの?」と考えてしまった。その後の時代、すなわち日本統治時代をしっかりと学ばなければ、と思った。その時に目に入ったのが、そして、歴史を証言してくれたものが、この街の日式建築だったのです。▶まだ34歳の張敬業氏は、私と高彩雯さんを乗せた車を走らせながら途切れることなく自身を、そして鹿港と台湾を語りつづけた。若者にありがちな独善的な性急さとも無縁に、しかし一方で、成功者が持つ傲岸もそこには無かった。好奇心旺盛な仔リスのような丸い瞳と、唇の片方を少し曲げる謙虚な微笑がそこにはあった。「あなたのような人の存在そのものが、鹿港という街の文化の奥深さを示しているようだ」と私は言った。そして、あの横街工作室の活気あるシェアオフィスを思い出しながら、「未来のコミュニティを垣間見たようだった。ありがとう」と手を握った。彼は「いやぁ、でも、挫折ばかりなんですよ、本当は」と照れ笑いをした。

2019/01/09　車次Train 120　単程票
台中 11:39 → 台北 12:29
Taichung　　　　Taipei

3　標準廂 car　16C

NT$700　信用卡　　P1
07-2-02-1-009-0240　成人
03754174　　　　2019/01/09發行

台中駅に着く。11：39高鉄120次に乗車、12：29台北駅着。MRT龍山寺駅から時報出版へ。ペイリンさんから拙著45冊を受け取り、本の中の「登場人物」42人への謹呈発送作業を手伝っていただく。

14：50台北松山空港にて、青田街日式住宅の保存運動のリーダー、黄知慧先生（中央研究院）たちと合流。

空港内のカフェで青草茶をいただきながら、台北の保存運動のこれまでとこれからを伺う。小さな敗北と大きな勝利を踏まえて、決して歩みを止めない「地の塩」というべき4人との語らいが、私の12回目の台湾行のエピローグとなった。中華航空CI222便で18：24発。

張典婉さん

小玩子さん

おめでとう！

陳勤忠氏

黄智慧さん

古花磚ルゼント

CHINA AIRLINES

Y

WATANABE/YOSHITAKA

CI222　Y 09JAN 0178
FM TAIPEI/TSA
TO TOKYO/HND

座位 Seat　　登機順序 Boarding Seq.
34K　　ZONE1
　　　　LUGJF4
ETKT297300418999701

彰化
の建築

和美鎮謝宅（彰化縣和美鎮仁美路）
和美に残る四合院民居の中でも規模、装飾ともに特筆すべきもの。カマボコ型の棟（馬背）には花籠のレリーフがある。タイルも美しい。

隆發堂吳氏洋樓（彰化縣和美鎮頭路531巷／1929年）
三合院の正面・祖堂の背後に梁間2間・桁行3間の洋館を建て、一体でファサードとする特異な事例。パラペットの装飾が壮麗。

陳家黙園（彰化縣和美鎮和厝路二段585號／1929年）
コメ、砂糖、紡績で栄えた和美の町。區長だった陳家の洋風邸宅。息子の陳虚谷は明治大学を出て帰台し文学運動を興す。知識人として地元の誇りになっている。

鹿港民俗文物館（彰化縣鹿港鎮中山路152號／1919年）
台湾の五大資産家のひとり、辜顯榮の邸宅。鹿港出身、日本の植民地支配に協力し、実業家としても成功。大正期バロック建築の傑作。

鹿港公會堂（彰化縣鹿港鎮埔頭街72號／1928年）
寺廟のあった場所に地元人士の拠金によって建設。入母屋・妻入りで屋根の矢切に丸窓を付ける。戦後は中山堂に改称し、2000年から鹿港藝文館として公開。

旧草港派出所（彰化縣鹿港鎮頂草路四段／1932年）
警察官吏派出所として建てられた。地味ではあるが持ち送りなどに意匠を凝らす。背後には木造の純和風宿舎を併設。放置されている。

二水中山堂（彰化縣二水郷二水村員集路三段701號／1930年）
鉄道輸送の要衝だった二水の公会堂として建てられた小規模な集会施設。戦後に改称。水平線を強調している。歴史建築に登録。

鹿港鎮史館（彰化縣鹿港鎮民權路160巷2號／1935年）
地方行政の長である街長の宿舎として建てられた木
造平屋、桟瓦葺きの和風住宅。「コーナー出窓のある
畳の和室」という日式住宅の典型。

鹿港中山路の老街（彰化縣鹿港鎮中山路）
清末から港町として栄えた鹿港は閩南式の街屋とと
もに近代以降は洋館も競って建てられた。上の玉珍
齋は1877年創業の菓子店で1930年築。下は中山路
205號の洋楼。アールデコ風の意匠がユニーク。

ションフォンバー
勝豐吧（彰化縣鹿港鎮民族路131號）
鹿港のまちづくり・建物保存グループの拠点となって
いる街屋。空き家だった店舗を再生。2階にはシェア
オフィス「横街工作室」が、そして1階にはこの吧が
入居している。

台湾の旅をふりかえって

　台湾を巡る旅の中で、日式建築を残そうと奮闘する人びとに出会った。

　高雄では、再開発の動きに対して、地元住民そして専門家や学生らが抗議の声を上げた。彼らは、創意工夫に溢れたデモで注目を集め、同時に建築を知ることで地域の歴史を学んでいったという。

　台北の旧帝国大学宿舎の保存は、建物よりも先に老樹を守ろうという動きがあったと聞いた。都市化の中で奇跡的に残された緑を保存する意識が老屋にも広がっていった。志のある個人や団体がボロ家をひとつひとつ再生し、青田街は今、首都を代表するレトロ観光スポットになっている。

　彰化や嘉義そして屏東では、建物の所有者やその子孫が、私財をなげうって古蹟を救うために奔走する姿を見た。土地と建築物に刻まれた記憶を次代に繋ごうとする真摯な姿勢がそこにはあった。

　そして、基隆、鹿港、澎湖では、「当事者ではない市民や若者が関わる」スタイルの運動に触れることができた。それは新しいまちづくりのかたちであり、主体的な市民の協働のあり方だといえるだろう。私もまた日本において、登録有形文化財制度を使って歴史的建造物の保存再生に関わる仕事をしている。それゆえに、日本と台湾の「建物に対する意識の差」、「保存運動の熱量の違い」をいつも考えてしまう。

市民の声が解体を阻止する

　台湾ではなぜ古い建物、特に日式建築の保存が盛んなのか。いくつかの理由がある。

　第1に、私権を制限してでも古い建物を守ろうとする文化資産保存法の存在だ。所有者が解体を決めたら基本的に為す術がない日本と異なり、解体工事がスタートした後でも住民の異議申し立てがあれば工事をストップさせる権限を行政に与えて

いる。前ページの写真は彰化市農業倉庫（1925年築）だが、2016年に所有者が解体を始めた直後に市民が反対の声を上げ、緊急審査後、直ちに「工事中止」が命じられた時の姿だ。仮囲いには「毀損した者は懲役五年」の貼り紙がある。これは所有者への警告でもある。

RC造の軀体は無惨な姿を晒しているが、逆に「都市景観に対する市民の関与」を象徴する光景といえるのではないか。なお、この倉庫は最終的に県定古蹟に指定されている。

台湾人のアイデンティティとともに

第2に、官庁、工場遺構など政府所有の公共物件に民間の資金を導入して再生し、用途変更して運営させる、ROTとよばれる民間参与促進の法制度が整っていることがあるだろう。台北の華山1914や花蓮文創園区のような巨大な施設は、このシステムによって文化芸術・物販・飲食の空間に生まれ変わった。その際に、歴史的建造物の価値を継承し発信することが義務づけられている。単なる「おしゃれスポット」を作るだけではない。

第3に、台湾人のアイデンティティの探求という背景があるだろう。

高雄・哈瑪星の保存運動のリーダーの

ひとりは「古い建築を調査するプロセスは、そこに生きた人間のドラマに触れることであり、知らされてこなかった台湾の歴史を知ることだった」と語っていた。

これには、戦後の戒厳令＝白色テロの時代の「中国大陸こそわれらの故郷」という教育のために、台湾を知ることが軽んじられてきたという事情がある。20世紀末に実現した民主化によって、台湾人はようやく「台湾の歴史」を識ることができるようになった。

「さて、学んでみよう」と思った時、「身の回りに残っている古いモノ」のひとつが日式建築であったのだ。だから「日式建築を学ぶこと」がそのまま「台湾の歴史を識ること」に重なったというのである。特に若い人びとにとっては、「中国人」でも「中華民国」でもない、「台湾人」という自己認識がごく普通に共有されつつある。その背景に、日式建築の「発見」と「評価」そして「再生活用」があるという。「自分たちの歴史を大切にする。そのための保存運動なのだ」と若者は語っていた。

リベラル政権を支える若者たち

第4に、建築保存は、民主主義を求める市民の意識の高まりと無縁ではない。

SNSを通して交流する台湾の建築愛好

家たちは、おしなべてリベラルな思想の持ち主が多い。特に選挙や公民投票が近づくとその主張をオープンにする。「反原発」「反腐敗」「環境保護」「男女平等」「同性婚支持」「轉型正義」そして「歴史的建造物の保存」などである。それらは、近年強まっている大陸からの統一圧力に対抗するベクトル、つまり「中国とはちがう」という意志表示としてより鮮明になっているように思える。

　いうまでもなく、こうした世論は、日本でも知られるようになったオードリー・タン氏（デジタル担当相）に象徴される蔡英文（民進党）政権を下支えするものだ。原発推進、環境汚染、汚職を繰り返す政治家、伝統的性別分業と女性差別、同性愛者への偏見、原住民族に対する同化政策、そして愛国心教育の強要といった保守的な社会のあり方。それを変える原動力が、ひまわり学生運動に象徴される「声を上げる市民」であった。2014年、彼らは台北の立法院（国会議事堂）を占拠し、国民党政権が進めていたサービス貿易協定を断念させた。たたかいの後、議事堂を去った若者たちは、やがて社会の中核を担う位置に立ち、あるいは地域社会をまとめる役割を担い始めた。そして紆余曲折を経ながらも、少しずつ保守的な社会を変えている。その動きが建築保存の声とシンクロしつつあることを、私は台湾を訪ねる度に感じている。

思いを込めて建物を残す人

　今日もまたSNSでは、台湾の各地の建物の話題が投稿されている。

　「こんな素敵な建物があった」「修復が終わって公開された」あるいは「取り壊しの危機が迫る。なんとかしなければ！」……。

　建物の危機を知ったならば、自分につながる歴史を大切にして、都市景観に責任を持つこと。自分がまず動いてみること。間違っていると思ったことにははっきりと声を上げること。そんな自覚的な市民の姿が、その投稿から見えてくる気がする。

　台湾は多様な社会だ。原住民族、近世に大陸から渡ってきた漢人、客家の人びと、そして戦後に大陸から移住した外省人たち。日式建築への見方もさまざまだ。「すてき」「美しい」と肯定的に語る人も、「植民地支配の象徴」と否定的に見る人もいる。そのことも忘れてはならない。建築は多義的な記憶装置なのだから。

　異なるルーツ・世代の人びとのアイデンティティの模索と連動して、台湾の建物の保存と再生は続いている。これからますます注目を集めるであろう台湾を、私もまた注視していきたい。

あとがき

「人の生活を見てこい」

　旅のフィールドノートを作るようになったきっかけは、東京・神楽坂の建築設計事務所に入った時。その時のボスの命令だった。私の師は建築家の鈴木喜一先生（1949〜2013）。建築士がひとりだけの「アトリエ系事務所」である。

　最初の2年間は無給だった。職人にとっての修業のようなものだ。

　ボスは変わった人だった。新しい建物を建てるよりも、古い建物を愛する人だった。歴史的建造物を活かすという私のスタイルも、鈴木先生から受け継いだ。また彼は言った。「本物の建築家になりたければ旅をしろ」と。私は「1年間のうち、3ヶ月は外国を歩いてこい」と命じられた。そして「そのための旅費はアトリエが出す」と。「有名建築を見るだけではダメだ。観光地ではない普通の町や村に行き、そこで営まれる人間の生活を見てこい」とも。

　不思議な話だった。しかし「おカネを出すには条件がある」とも言われた。「毎日1枚の水彩スケッチを描くこと、帰国したら旅の紀行文をまとめること」。私は、大きなバックパックに、水彩絵の具、スケッチブック数冊、そして記録用のノートを詰め込んで海を越えて大陸に渡った。数ヶ月分の費用は少なくない額だったが、本当にボスは現金を私にくれた。

　旅先でのスケッチのモチーフは、建物、風景、食べ物、人の顔など多岐に

及んだ。特に建築を描く時は集中する。全体のフォルム、窓の形と数、屋根と庇の陰翳。その時の風や日の光も気になる。写真であれば一瞬、ファインダーを覗けば済むが、描くとなると数十回、いや百回以上も対象を凝視することになる。鈴木先生はそれを「建築との対話」と呼んだ。

　スケッチも、ノートも、描くことは対象との対話であることを私は学んだ。何度も何度も見ることで、モチーフの細部にも気づくことができる。その部分の名称を知ろうと思う。その繰り返しが、「その建物を好きになる」道筋にもなった。日々の旅程とともにその時の自分の思いをノートに記すことで、文章を書く訓練をした。私が帰国すると、その作文を鈴木先生が添削する。そんな日々が1ヶ月続いた。フィールドノートに書き記すという旅のスタイルを、私はボスに倣って少しずつ身に付けていった。

台湾の友人たちへの謝辞

　この本は、多くの台湾の友人たちに支えられて作成することができた。その中には「見ず知らず」の人もたくさん含まれている。約3万人の会員を抱えるfacebookの同好グループ「台湾日式宿舎群 近來可好」がなければ、私の旅は実現しなかっただろう。

　台湾の日式建築についての公式の情報は、すでに書籍でもネットニュースでも手に入る。だがそれ以外の、「まだ注目されていない無名の建築」「解体が危惧されている危機的遺構」「地元の人しか知らないスポット」など、知られざる日式建築については個人の口コミがいちばんの情報源となる。だから旅に出る前、「私は来月〇〇地方を訪ねます。見るべき建物の情報を教えてください」と書き込む。すると、数分後には反応があった。投稿へのコメントの形で、あるいは直接のメッセージで、次から次へと情報が寄せられる。2016年からはGoogle Maps上に「在台灣的日式建築MAP」を作成し、編集権限を開放して、自由にポイントを書き込んでもらう仕組みを作った。すると台湾全土から、競うように地図上に「ピンが刺されて」いった。半年ほどで、その数は1500を超えた。自分の街の情報を誰よりもよく知る人、

鉄道関連・水力発電・水道施設などに詳しいマニアの人、住民運動によって保存が叫ばれている物件の情報を書き込む人もいた。その中には、台湾で実際にお会いして、いまもつきあいが続く「リアルの友人」も含まれる。台湾に到着すると、私はスマホ画面に表示されたこのGoogle Mapsに導かれながら、知られざる日式建築を訪ね歩いたのである。

新型コロナウイルスが、私たちの生活を大きく変えた。海を越えて旅をすることが事実上、不可能になって久しい。その間、台湾を愛する日本人は、翼をもぎ取られたように、心の中で台湾の建物や食や人を想い続けた。私もそのひとりだった。

2020年1月、最後に桃園空港を離れてから、約3年になる。翼をもぎ取られた生活の中で、台湾の知人からのメッセージや報告が、私の心を充たし、あるいは焦らせてきた。彼らは連日のように「あの建物が再生された」「この建物の保存が決まった」というニュースを送ってきた。ああ、あの雑草に覆われ、汚れきっていた建物が甦ったのか。シロアリが群がっていた木造宿舎が、こんな素敵なカフェに生まれ変わったのか。以前の姿を思い出しては、私は喜びとともに「いますぐ駆けつけたい」という衝動に駆られている。

日本人の旅人の視点についても付言しておきたい。

「台湾好き」な日本人の中には、その理由を「親日的だから」とか、「日本風の建物が懐かしいから」と言う人が少なくない。「日本語を話す高齢者との邂逅」を、ただ喜びとして表現する旅人もいる。それらは台湾を知る「入口」ではあるだろうが、「その先」を知ろうとする姿勢が問われると私は思う。台湾の大地と人びとが経験した幾多の苦悩や格闘への共感が不足してはならない。性の多様性、自らの歴史を批判的に検証する視点、原住民族への共感など、いま注目されている台湾の社会の動きも、深いところで建築や都市景観と繋がっている。日式建築は、そのための最良の「教材」にもなるはずだ。これは、自分自身への反省として私が学んだことでもある。心に刻むことである。

2018年に台湾で出版した『臺灣日式建築紀行』（時報文化出版公司）を日本に紹介してくださった太台本屋（タイタイブックス）の各氏、ブックデザインを担当して下さった川添英昭さん、膨大なノートの図版と格闘し、辛抱強く私を励まし続けてくださったKADOKAWAの安田沙絵さん、文字表記など細かな校正に骨を折って下さったパーソル メディアスイッチ 校閲グループおよび円水社の皆さん、そして台湾の友人たちに、この場を借りてお礼申し上げます。ありがとうございました。

※ノート記載の情報は、特記なき限り、取材時（2011〜2020年）のものです。また、建築名などの正字（台湾で使用されている繁体字）は適宜、常用漢字に直しています。建築名は、現地で直接うかがった名称を基本にしているため現在の呼称と異なる場合があります。

本文初出時に＊を付しています。
なお、中国語の読みがなは日本語読みであり、
現地の読みとは異なります。

あ

アール（R）

建築用語で曲面のこと。「コーナーを直角でなく
アールに仕上げる」など。

アールデコ

「装飾美術」を意味するフランス語で、1910年代か
ら30年代にかけて欧米で流行したデザイン様式。
直前のアールヌーボーの曲線重視から転じて直線と
幾何学文様が多用された。

アシンメトリ

シンメトリ（対称）の否定形。つまり「非対称」であ
ること。

洗い出し

種石を混ぜたモルタルで表面を仕上げた後、一定
の硬化を待ち、強い水流で表面のセメント分を流
れさせて種石の凸凹をあらわしにする仕上げ。台湾
では「洗石子」と呼ぶ。

アルコーブ

くぼんだ部分の意。マンションの入口などでドアを
奥に設けて人だまりとなる空間をつくる場合のほか、
室内から見た凹みをつくることで外壁が一部突出し
た形になる場合も含む。

猪の目

ハートマークに似た日本古来の紋様。懸魚や擬宝珠、
寺社の錺金物に多用される吉祥の印。

ヴィクトリアンスタイル

1837年から1901年にかけて在位した英国ヴィクト
リア女王の時代に流行した壮麗な建築。赤い煉瓦
をそのまま外壁に見せることが多かった。

エンタシス

ギリシア神殿の柱などに見られる、中央部分が膨ら
んだ、あるいは上部が細くなるような柱の形状。胴
張りとも。

エンタブラチュア

ギリシアやローマ建築において列柱の上に架け渡さ
れる水平部材の総称。一般に、アーキトレイブ、フ
リーズ、コーニスからなる。

御神楽

平屋（1階建て）の建物の上に、後から2階を載せる
工事のこと。

か

ガーゴイル

怪獣や人をかたどった彫刻で雨水を吐水するもの。
ゴシック建築で多用された。

海角七号

魏徳聖監督、2008年公開の台湾映画。最南端の
恒春（屏東縣）を舞台に、台湾青年と日本人女性が
出会い、日本統治時代の記憶も織り交ぜてドラマ
が展開する。台湾映画興行記録を塗り替えるヒット
となった。

碍子

電線を固定しつつ電気的に絶縁するための磁器の
器具。

外省人
<small>がいしょうじん</small>

戦後、国共内戦に敗れた国民党とともに大陸から台湾に移ってきた人びととその子孫。民主化以前は台湾の支配層を占めていた。本省人と対比して使われることが多い。

架構
<small>かこう</small>

建築の構造を意味する言葉だが、特に屋根の架け方を指すこともある。

カップルドコラム

双柱ともいう。「柱は均等に配置する」という古代のオーダーの原則からは外れるが、バロックや新古典主義で多用された。

カルトゥーシュ

西洋建築の装飾のひとつで、楕円形のモチーフの周囲に渦巻きや蔓などの植物文様を描くことが多い。勲章飾りともいう。

要石
<small>キーストーン</small>

古くは神社の境内などにあって地を鎮めるパワーを持った石の意味もあるが、西洋建築では、アーチの中心最頂部に嵌め込んで全体のバランスを取るとともに装飾的にも重視される扇型の石を指す。

擬宝珠
<small>ぎぼし</small>

寺社の勾欄（高欄）の親柱・小柱などの頂部に付けられる玉ねぎ型の装飾。

騎楼
<small>きろう</small>

雨や日差しを避けて通行する空間を持った街屋。2階部分を路上に伸ばしてその下を公衆に供するタイプが多い。この通路は私有地である。台湾語の「亭仔脚<small>ていきゃく</small>」と同義で使われることが多い。

ぐし

屋根の最頂部で水平になっている部位。「棟<small>むね</small>」の別名。

グレンダロホ

アイルランド東部の街。中世以前の石造修道院跡が残る。

懸魚
<small>げぎょ</small>

寺社などの屋根の破風頂部に付けられた飾り板で、火伏せの意味で魚を具象化した彫刻を施すことが多い。元は棟木の端部が雨で傷むことを防ぐ目的があったと思われる。

けらば

切妻屋根の妻側の端部で、破風板が貼られる部分。昆虫のオケラの羽が語源。

原住民族

漢民族が大陸から移住する17世紀以前から台湾に定住していたオーストロネシア系の民族。「先住」と書くと「すでに絶滅した」意味となること、当事者が尊厳を込めて自称することから、台湾ではこのように表記する。

眷村
<small>けんそん</small>

第2次大戦後に大陸から台湾に渡った中華民国国軍とその家族らが台湾各地で形成した軍人の集落、あるいはその地区の名称。老朽化と都市再開発などで消失するものが多い一方、歴史的建造物として保存する動きもある。

高鉄（高鐵）
<small>こうてつ</small>

台湾高速鉄道、いわゆる新幹線のこと。2007年開業。Taiwan High Speed Rail（THSR）とも。

コーニス

西洋建築において外壁の最頂部に取りつく水平の突起。エンタブラチュアの最上部でもある。ここに装飾的な要素がつくことで、ファサードは垂直方向において完結する。

「凍れる音楽」

ドイツの詩人・ゲーテ（1749～1832）の言葉とされる。「音楽は聞けば消え去ってしまうが、建築はその美しさを永遠に留めている」という意味。

石持ち瓦

和瓦（桟瓦）で軒に並ぶ軒瓦のうち、円形の部分が平面状に切れ落ちていて、立体的な膨らみがないタイプ。シャープな陰翳が特徴。

コンドル, ジョサイア（1852～1920）

日本の建築教育の基礎を作るためにイギリスから来日したお雇い外国人の建築家。工部大学校（のちの東大工学部）教授。鹿鳴館やニコライ堂を設計した。

ささら

部材を稲妻型、または階段状に削り出すこと、またはその部材。下身板の押縁では、まっすぐな四角断面の棒ではなく、ギザギザと板に合わせて加工された押縁をこう呼ぶ。丁寧な仕上げ。

匙面

建築の装飾技法のひとつで、部材のコーナーをスプーン（匙）で削ったように仕上げる手法。

紗綾紋

斜めにした卍を連続させた文様の一種。近世以降の寺院の装飾に使われる。

三合院

中国や台湾の漢民族の伝統的な住居の形式のひとつで、中庭を囲む3面の建物（コの字型）で構成されるもの。官衙にも応用される。4面を囲むもの（ロの字型）は四合院と呼ぶ。

四半

正方形の敷き瓦やタイルなどを建物の軸線に対して45度傾けて敷き詰める手法。

鴟尾

寺院や宮殿の屋根の棟の両端に載せる飾りで、鬼瓦と異なり長靴の形をしている。それゆえ「沓形」とも。

寺廟

道教、仏教、儒教などの民間信仰にもとづく建築の総称。大小さまざまなものがあり、台湾の旧市街では細街路の奥にも多数見られる。石獅、龍柱、木彫、脊飾などの装飾を持つ。人びとの生活に深く浸透している。

ジャイアントオーダー

古代ギリシア、ローマのモチーフだった円柱を復活させ、それをふたつ以上の階を跨いで取り付けたデザイン。バロック建築で多用された。

決り

ルーターや鑿などで角を削り出して装飾とすること。陰翳を付けて空間に重みを与える。

車站

主に鉄道の駅を指す。

車知継ぎ

木材の継手の手法のひとつ。凸（オス）のホゾと凹（メス）の溝の双方に傾いた孔を彫り、そこに細長い角材（栓）を強く挿して2材を緊結する。トラスの陸梁の接合部で、添え板を固定する際にも使用される。

人研ぎ仕上げ

人造石研ぎ出し仕上げの略。セメントに種石を混ぜて固化させた後で研磨して仕上げる。平滑で、かつ種石と地（セメント部分）の模様の楽しさを味わえる。

セグメンタルアーチ

煉瓦造や石造など組積造建築で多用されるアーチのうち、180度未満の円弧を持つもの。櫛形アーチもそのひとつ。

ゼツェッション

19世紀末にドイツから興った建築デザイン運動のことで、「過去からの分離」を意味する。日本では大正初期に流行。幾何学的な装飾を多用する。セセッションとも。

尖頭アーチ

頂点が尖ったアーチ。半円アーチと異なり、スパンを自由に設定できる。

大瓶束

禅宗様建築で見られる垂直部材で梁の上に立てる円柱状の束。形が酒器の「瓶子」に似る。

竹小舞

土壁の下地とするために割竹を格子状に組んだもの。土蔵等では丸竹も使う。

辰野式

日本に近代建築を確立した工部大学校（のちの東大工学部）第1期生で、東京駅などを設計した辰野金吾のスタイル。台湾では特に「赤煉瓦と白い花崗岩をシマウマ模様にした外壁」を指すことが多い。

ちいさいおうち

米国の絵本作家バージニア・リー・バートンの絵本。1942年刊。都市化の波に取り残された一軒の家が移築・保存される顛末を描く。

千鳥

建築の部材、仕上げ材などを一列に揃えるのでは

なく、右左右左に、あるいは前後前後に交互にずらして配置すること。酔っぱらいの「千鳥足」もここから。

対聯

出入口の両側に対句の吉祥詩などを書いて飾る、中華圏に見られる春節の風習。赤い紙が使われる。

帝冠様式

1930年代に日本で流行した建築様式で、RC造の躯体に日本瓦葺きの屋根を載せたスタイルを指すことが多い。国粋主義的な影響を受けたものともいわれる。

亭仔脚

「騎楼」と同義で使われることが多いが、2階建てだけではなく、平屋で屋根を深く伸ばした古いかたちのものも含む。台湾語で「ティンアカ」と発音する。

泥塑

土を捏ねて人形などを作る技法。ここではモルタルでさまざまな造形をすること。

ティンパヌム

西洋建築の出入口の上部、アーチと水平材（まぐさ）に囲まれた半円形または尖頭三角形の壁面部分のこと。教会などでは宗教画やレリーフが表現される。

鉄窓花

防犯のために窓やドアに付けられた金属製の面格子のこと。特に台湾では植物や幾何学模様など意匠を凝らしたものが見られる。

テラコッタ

土を成形して焼いた素焼きタイルなどの素材の意味で、建築では複雑な立体を粘土で造形しそのまま壁などに貼り付けて装飾とすることが多い。

照り

屋根が、棟から軒にかけてカーブを描いて、はねあがる形。断面としては凹状の曲線となる。逆の形をむくりと呼ぶ。

デンティル（歯飾り）

古代ギリシア、ローマ建築で、コーニス部に付けられた連続する矩形突起の装飾。サイコロ状の歯が並んでいるように見える。

トーチカ

コンクリート製の防御陣地。扁平なドーム屋根が多い。

斗栱

中国、台湾、韓国、日本などの木造建築に共通する組み物。柱の頂部に置かれて軒や屋根を支える部位。斗と肘木が基本要素で、その形状でさまざまな様式を表現する。

吐水口→ガーゴイル

トラス（洋小屋）

三角形に組んだ軸材（曲げ応力が原理的には生じない）を基本として構成される屋根の構造。和小屋に対して、細い部材で架構でき、また底辺の水平の梁（陸梁）には、短材を継いで使えるなど合理性が高い。しかし端部の複雑な加工や、特殊な金物が必要となる。日本には、明治維新前後に欧米から移入されたとされる。代表的なものにキングポストとクイーンポストがある。

ドリス式

ギリシア建築の様式のひとつ。溝彫り（フルーティング）された柱の上に載る柱頭は「薄い円盤」のみ。もっとも原初的でシンプルなかたち。ほかにイオニア式、コリント式などがある。P66及び246参照。

トルス

古典主義建築で、円柱の下に敷かれたお煎餅のような円盤。

冬冬の夏休み

侯孝賢監督、1984年公開の台湾映画。都会を離れて祖父の家で夏休みを過ごす兄妹の物語。日式建築の病院が舞台のひとつ。

名栗仕上げ

木材の表面を段ったように刃物で乱暴に削り、そのまま仕上げとする技法。名栗は当て字。

なまこ壁

正方形の敷瓦を壁に張り、目地を漆喰などで半円断面に盛り上げた左官仕上げ。土蔵などで用いられる。語源は漆喰部分が海鼠に似ているから。

南京下見板

薄い板を縁を重ねながら張り重ねていく外壁仕上げの手法。台湾では雨淋板という。

ハーフティンバー

柱や梁などの木材（timber）を外壁から半分（half）だけ露出させた仕上げ。洋風建築で多用される。和風の真壁造りに似る。

白色テロ

国家が人民に向ける暴力を一般に「白色テロ」と呼ぶが、台湾では特に、戦後に大陸から渡ってきた国民党政権が1947年の2.28事件から戒厳令解除の87年にかけて、反体制と見なした市民を投獄、拷問、処刑した長期にわたる弾圧を指す。

客家
（はっか）
大陸の中原（黄河流域の華北平原）から北方民族に押されて広東・福建・江西省などに移住した漢民族のグループで独自の客家語を話す。台湾には清代に渡ってきたが、福建省ルーツの福佬人（ホーロー）としばしば対立した。現在では台湾人口の十数％。桃園（とうえん）、新竹、苗栗（ミャオリー）に多く住む。

バットレス
煉瓦や石などの組積造で、壁に加わる外向きの力に対抗するために付加された小規模な壁。外壁から外向きにとびだした形となる。控え壁とも。

鼻隠し
屋根の軒に打ち付けた板で、垂木（たるき）の端部を隠す部材。

パラペット
建物の屋上などに付けられた、転落防止などのための低い立ち上がり部分のこと。手すりのように外周部に造られて、外面には装飾が施されることが多い。

薔薇窓
（ばらまど）
ゴシック建築などで見られる、ステンドグラスで装飾された大型の丸窓。

ヒップゲーブル
切妻屋根の両端部を斜めに切り落とした形の屋根で、洋館で多用される。袴腰（はかまごし）、または半切妻とも。

表現主義
20世紀初頭のドイツ、オランダで生まれた建築の運動で、感情や自然の動きを有機的に軀体の造形に反映させるデザイン。

ピラスター
付け柱のこと。構造的には不要でも、ギリシア風に倣って装飾として柱を表現したものも多い。

美麗島事件
（びれいとう）
戒厳令下の1979年12月、高雄（たかお）市で行われた雑誌『美麗島』主催の人権デモを官憲が弾圧し逮捕者を出した事件。2022年5月に原判決が取り消され、全受難者の名誉が回復された。なお高雄MRTの「美麗島駅」命名はこの事件から。

閩南式
（びんなん）
清代に台湾に移住した人びとの多くが福建省南部からの移民であったため、言語や食文化、建築様式などがここにルーツを持つ。「閩」は五代十国時代の国名に由来し、現代では福建省を指すことが多い。

ファサード
建物の正面のこと。フランス語のfaçadeから。

ファンライト
窓やドアの上に付く、半円形の欄間、あるいはそこに嵌められた明かり取りガラスや装飾のこと。

吹き寄せ
建築の各部部材の配置の仕方で、均等に並べるのではなく、2つずつを寄せるデザイン手法。

覆輪目地
（ふくりんめじ）
煉瓦や石を積む際の目地の処理方法のひとつでカマボコ型の断面をなす。目地として代表的なものに「沈み目地」「山形目地」などがあるが、覆輪目地はその中で最上位とされる。

フランス瓦
平板に縦の溝が彫られた瓦で、明治時代に日本に導入され擬洋風建築の屋根に多用された。ジェラール瓦とも。

ブルアイ（牛眼窓）
西洋建築に見られるシンボリックな丸窓で、特に屋根傾斜面に付けられたものを指すことが多い。ブル

ズアイとも。

ベーハ小屋

たばこ乾燥小屋。キセルに使われていた在来種に対して、アメリカから移入された米国産の葉から「ベーハ」と呼ばれる。

ペディメント

ギリシア、ローマ建築によく見られる、列柱上部の三角形の破風の部分。時代が下ると櫛形や破れ型などバリエーションが豊かになる。

方形（ほうぎょう）

正方形の建物に載るピラミッド型の屋根の形状。

方形台座（ほうけいだいざ）（プリンス）

西洋建築で円柱や角柱の下部にある正方形の平面をした台座のこと。

ポルチコ

玄関前の空間、ポーチのこと。教会などでは、柱と屋根のみで壁のない空間をつくり、そこを経由して前室（ナルテクス）に入ることが多い。

まぐさ

窓の上部を構成する水平材。

媽祖（まそ）

航海や漁業の神として台湾で強く信仰されている女神。海難事故で多くの人を救った故事から、道教の中で神格化された。

マンサード屋根

寄棟で、上部が緩勾配、下部が急勾配となる腰折れ屋根のこと。切妻で腰折れのものはギャンブレル屋根と呼ぶ。

ミフラーブ

イスラムのモスクにおいて、聖地メッカの方角にある壁の一部に穿（うが）たれた凹み、聖龕（せいがん）とも。鍾乳石飾り（スタラクタイト）が施されることが多い。

民国〇〇年

台湾で使われている元号で、孫文らによる辛亥革命（しんがい）によって中華民国が宣言された1912年を元年としてカウントする。2022年は民国111年に当たる。

メダリオン

楕円型の壁面装飾。西洋建築の外壁などを飾る。

洋楼（ようろう）

洋風の楼閣という意味で、台湾では「洋館」とほぼ同義で使われる。

ライト，フランク・ロイド（1867～1959）

アメリカの建築家。近代建築の3巨匠（他はコルビュジエ、ミース）のひとり。落水荘や旧帝国ホテルなどを設計。水平線を強調したデザインで知られる。

雷文（らいもん）

直線が四角く屈折していく幾何学模様で、日本では「ラーメン丼のマーク」として知られる。しかしルーツはギリシアに遡るという。雷紋とも。

卵鏃（らんぞく）

古典主義建築において使われる、卵と鏃（やじり）が連続する装飾。エッグ＆ダーツとも。

留用日人（リュウヨン リーレン）

日本の敗戦後も、中華民国政権に求められて台湾

に在留した技術者などの日本人のこと。

和小屋
<small>わ こ や</small>

水平に架けた梁に束を建てて屋根荷重を支える屋根の構造。スパンを広くするためには太くて長い梁が必要になる。日本では伝統的に和小屋構造と、扠首構造が主流であった。

藁座
<small>わら ざ</small>

寺社などで開き戸の回転軸を受けるための軸受け材。三日月型に装飾され、禅宗様寺院に多い。

KMT

第2次世界大戦後に大陸から移って以降、台湾を支配し、中華民国政府の実権を握っていた中国国民党の略称。

MRT

捷運と呼ばれる新交通システムで、路線の多くは地下鉄。一部にタイヤ式高架車両やライトレールも含まれる。台北・新北・桃園・高雄が供用中で、台中、台南でも計画がある。

NTD（新台湾ドル）

1949年から発行されている台湾の通貨。基本の単位は「元」。

RC造

鉄筋コンクリート造の略。圧縮には強いが引っ張りや曲げに弱いコンクリートと、引っ張りに強い鉄筋を組み合わせた工法。高温多湿な環境のため、台湾では日本本土にさきがけてRC造の建築が進んでいた。

ROT（Rehabilitate-Operation-Transfer）

台湾各地の文化創意園区運営の手法のひとつ。公有の土地・建物について、政府が民間業者を募り、期間限定で維持・経営させる制度で、修繕・再生のための工事費は民間が負担。文化的な展示や歴史的建造物の価値を減じないことが条件。期間終了後の経営権は政府に返還する。

SRC造

鉄骨鉄筋コンクリート造の略称。鉄筋コンクリートの剛性、耐火性に、鉄骨造の粘り強さをミックスしたすぐれた構造。

2.28事件

戦後に大陸から進駐してきた国民党政権による台湾人への弾圧で、以降の長きにわたる白色テロの引き金となった事件。1947年2月28日に勃発した。前夜に行われた闇たばこ摘発での国民党軍による発砲がきっかけ。2000年にリベラルな政権に交代してから事件の再評価と受難者の名誉回復が進んだ。

参考文献

《日本語》

赤松美和子・若松大祐編著『台湾を知るための72章【第2版】』明石書店／2022年

後藤治監修／王惠君・二村悟著『図説　台湾都市物語』河出書房新社／2010年

片倉佳史『台北・歴史建築探訪　日本が遺した建築遺産を歩く』ウェッジ／2019年

辛永勝・楊朝景著／西谷格訳『老屋顔・台湾レトロ建築案内』エクスナレッジ／2018年

胎中千鶴『植民地台湾を語るということ』風響社／2007年

新井一二三『台湾物語　「麗しの島」の過去・現在・未来』筑摩書房／2019年

上水流久彦編『大日本帝国期の建築物が語る近代史　過去・現在・未来』勉誠出版／2022年

傅楡著／陳令洋編／関根謙・吉川龍生監訳／藤井敦子・山下紘嗣・佐高春音訳『わたしの青春、台湾』五月書房新社／2020年

陳秀琍・姚嵐齡著／伊藤由夏訳『ハヤシ百貨店　台南銀座のモダンな五階建てビル』台南市政府文化局／2020年

郭怡青著／小島あつ子・黒木夏兒訳『書店本事　台湾書店主43のストーリー』サウザンブックス社／2019年

洪郁如『誰の日本時代　ジェンダー・階層・帝国の台湾史』法政大学出版局／2021年

西川博美・中川理「日本統治期の台湾の地方都市における亭仔脚の町並みの普及」（日本建築学会計画系論文集79巻700号）／2014年

栩木まどか・伊藤裕久「台南末廣町店舗住宅にみる共同建築の計画的特徴」（2020年度日本建築学会関東支部研究報告集II）

李東明「台北市・迪化街におけるアーケードについて」（2019年度日本大学生産工学部第52回学術講演会講演概要）

蔡龍保「梅澤捨次郎の台湾での活躍」『NICHE』36号／NICHE出版会／2013年

《台湾華語》

林會承・徐明福・傅朝卿『台灣建築史綱』遠流出版／2022年

遠足地理百科編輯組『一看就懂古蹟建築（新裝珍藏版）』遠足文化／2018年

傅朝卿『圖說台灣建築文化遺產　日治時期篇』台灣建築與文化資産出

版社／2009年

張倫『老街誌』晨星出版／2018年

吳昱瑩『圖解台灣日式住宅建築』晨星出版／2018年

李乾朗『臺灣建築史』五南圖書出版／2008年

李乾朗・俞怡萍『古蹟入門（增訂版）』遠流出版／2018年

『臺南老屋　臺南人文、歷史與空間的記憶』臺南市政府文化局／2017年

《web》

みんなの台湾修学旅行ナビ　https://taiwan-shugakuryoko.jp/

澎湖知識服務平台　https://penghu.info/

協力

次の方々には、現地での案内、情報提供、学術研究、通訳、写真提供などで多大なるご支援とご協力をいただきました。ここに記し感謝申し上げます。（敬称略・順不同）

高彩雯　王時思　邱榮舉　劉碧蓉　陳信安　凌宗魁　盧慧芳

黃毓婷　賴志明　水瓶子　陳正哲　蘇睿弼　褚天安　張敬業

黃崇哲　吳昱慧　余建宏　李權高　姜枕山　吳鷗翔　駱國賓

黃智慧　陳坤毅　王聰霖　葉意雯　王大維　楊勝

河野龍也　栖来ひかり　村野奈穂美　清水香央理

台南市政府觀光旅遊局　花蓮市政府　老屋顏工作室

打狗文史再興會社　鹿港団仔文化事業有限公司　時報文化出版公司

鯨嶼文化・読書共和國　東アジア日式住宅研究会

初出

p244〜247のイラスト　『東京人』2019年11月号（都市出版）

巻頭・章扉地図／イラスト／写真（特記したものを除く）　渡邉義孝

渡邉義孝（わたなべ　よしたか）

1966年生まれ。一級建築士、尾道市立大学非常勤講師、NPO法人尾道空き家再生プロジェクト理事。鈴木喜一建築計画工房（アユミギャラリー）を経て風組・渡邉設計室を設立。住宅設計、古民家再生、文化財調査などに従事するかたわら、ユーラシア各地の民俗建築フィールドワークを続ける。著書に『風をたべた日々　アジア横断旅日記』（日経BP社）、『臺灣日式建築紀行』（台湾／時報出版）、『臺南日式建築紀行　地靈與現代主義的幸福同居（地霊とモダニズムの幸福なる同居）』（台湾／鯨嶼文化）、共著に『セルフビルド　家をつくる自由』（旅行人）、『台湾を知るための72章』『アゼルバイジャンを知るための67章』（共に明石書店）など。本書は日本版オリジナル。

台湾日式建築紀行
たいわんにつしきけんちく　き　こう

2022年11月14日　初版発行

著者／渡邉義孝
わたなべよしたか

発行者／山下直久

発行／株式会社KADOKAWA
〒102-8177　東京都千代田区富士見2-13-3
電話　0570-002-301（ナビダイヤル）

ブックデザイン／川添英昭

印刷・製本／図書印刷株式会社